RÉCIT

DE LA

PERTE DU BÂTIMENT

DE LA COMPAGNIE DES INDES

LE KENT

A PARIS,

DE L'IMPRIMERIE DE CRAPELET,

RUE DE VAUGIRARD, N° 9.

RÉCIT

DE LA

PERTE DU BÂTIMENT

DE LA COMPAGNIE DES INDES

LE KENT.

PAR UN DES OFFICIERS
QUI SE TROUVAIENT A BORD.

TRADUIT DE L'ANGLAIS.

par M. le Baron de Staël.

A PARIS,

CHEZ SERVIER, LIBRAIRE,
RUE DE L'ORATOIRE, Nº 6.
1826.

PRÉFACE

DU TRADUCTEUR.

LE Récit que l'on va lire mérite à plus d'un titre de fixer l'attention, et l'intérêt dramatique de l'événement qui en fait l'objet suffirait seul pour captiver la curiosité. La qualité de l'auteur offre la meilleure garantie de la fidélité scrupuleuse de ce récit, puisque M. le major Mac-Gregor, à qui il est généralement attribué en Angleterre, a été à la fois le témoin et l'un des principaux acteurs de la scène tragique qu'il raconte. Du reste, si la voix publique le désigne justement, il serait impossible de discerner dans sa narration le rôle honorable et important qu'il a joué dans cette catastrophe, car il fait à peine mention de son nom, qui n'est prononcé qu'à la troisième personne; et nous devrions des éloges à sa modestie, si elle ne se perdait pas dans une vertu plus intime et plus réelle, l'humilité chrétienne.

Nous n'anticiperons point sur la narration; elle se recommande d'elle-même à l'intérêt par un enchaînement de circonstances si frappant et si merveilleux, qu'il n'est point de lecteur assez étranger à toute émotion religieuse pour y méconnaître la protection bienfaisante de ce Dieu qui, dans son impénétrable sagesse, permet le mal et la souffrance, mais dont la bonté est la source unique et immédiate de tout bien. Toutefois nous croyons devoir appeler l'attention sur les réflexions morales que ce récit fait naître, et sur les données importantes que l'on y trouve sur l'état religieux de l'Angleterre.

Un navire de premier rang de la Compagnie des Indes met à la voile, ayant à bord la moitié d'un régiment de ligne, un équipage considérable, plusieurs passagers, et un grand nombre de femmes et d'enfans. Il est assailli en pleine mer par le double fléau de la tempête et de l'incendie : l'on essaie vainement de combattre l'un par l'autre ces deux élémens furieux ; tous les efforts échouent, et déjà il ne reste plus qu'à se résigner à une perte inévitable, lorsque l'apparition d'une voile secourable vient offrir aux naufragés une chance incertaine et périlleuse d'échapper à la mort.

Mais que font les malheureux habitans du navire en proie aux flammes pendant les longues heures d'angoisses où ils ont à contempler face à face le sort affreux dont ils sont menacés ?

Étrangers en grande partie les uns aux autres, et réunis de tous les points de l'Angleterre par les liens de la discipline ou par la circonstance fortuite d'un même but de voyage, c'est d'un commun accord qu'ils vont chercher dans la prière et dans la lecture de la Bible la consolation et l'appui dont ils ont besoin. Les militaires écoutent la parole divine avec recueillement et avec douceur, les femmes la lisent avec courage et avec force. Les soldats restent soumis à la voix de leurs chefs, les officiers conservent la dignité de leur rang : point de vaine bravoure, point d'ostentation d'indifférence en présence de la mort qui va les séparer de tous les êtres qui leur sont chers, et de l'éternité qui s'ouvre devant eux ; mais un sentiment profond, calme et énergique de leurs devoirs d'hommes, de soldats et de chrétiens. Les femmes s'arrachent sans murmurer aux embrassemens de leurs pères et de leurs maris, les enfans mêmes étouffent les cris de la peur et de la souffrance, et l'ordre règne au milieu de tous les fléaux déchaînés.

Arrivées en Angleterre, les victimes échappées au naufrage sont reçues comme des enfans dans le sein paternel : on donne des alimens à ceux qui ont faim, des vêtemens à ceux qui sont dépouillés, des habits de deuil aux veuves et aux orphelins; les malades sont l'objet d'une tendre compassion, et l'on croirait peu faire de soulager leurs maux physiques, si l'on n'offrait pas à leur âme les secours de la piété. Dans cette grande scène de charité, on ne voit apparaître ni le gouvernement ni le clergé; ce sont les citoyens qui, d'eux-mêmes, se forment en comité de secours; ce sont eux qui se répartissent les femmes et les enfans privés de protecteurs; ce sont eux qui vont lire la parole sainte aux malades et aux affligés, et dans ce mouvement sublime tout est libre et spontané.

Sans doute quelques taches se laissent apercevoir dans le tableau, et la conduite répréhensible des matelots du navire incendié forme surtout un contraste surprenant avec celle des officiers et des soldats ; mais ces exceptions ne ternissent point la beauté de l'ensemble, et les équipages des deux navires qui viennent au secours des naufragés rachètent amplement, par leurs efforts héroïques, la réputation bien méritée de bravoure et de discipline dont jouissent les marins anglais.

En lisant cette narration, l'on ne doit pas perdre de vue que c'est un militaire qui parle, et que c'est spécialement à ses compagnons d'armes qu'il s'adresse. Si l'on songe ensuite à la ferveur chrétienne dont chaque ligne de son récit est empreinte, il sera impossible de ne pas se demander avec admiration : Quel est donc le pays où un soldat peut tenir un pareil langage avec la certitude d'être entendu ?

Cette remarque ne s'applique pas avec moins de force aux lettres qui terminent l'Appendix. Les officiers et les passagers échappés du naufrage éprouvent le besoin bien naturel d'offrir un témoignage public de leur reconnaissance au capitaine du navire qui les a secourus, mais ni ce brave homme, ni eux-mêmes, n'oublient un seul instant que c'est ailleurs que leurs cœurs doivent se répandre en actions de grâces, que leur libérateur n'a été qu'un instrument docile dans la main de la Providence, et que si la bonté divine les a épargnés, c'est parce qu'elle les appelle à remplir de nouveaux devoirs envers leurs semblables et envers leur pays. Toutes leurs expressions respirent le double amour pour un Dieu sauveur et pour une patrie libre ; et humbles comme disciples de l'Évangile, ils ne cessent pas d'être fiers comme soldats et comme citoyens.

Quelques pamphlétaires se plaisent à répéter que le protestantisme de nos jours dégénère en un déisme vague qui tend à confondre les dogmes de l'Évangile dans les généralités de la religion naturelle. Peu importerait l'ignorance ou la mauvaise foi qui dicte de pareilles assertions, si elles ne pouvaient pas devenir la source d'un mal moral très grave.

Il est à craindre qu'en voyant la religion transformée, entre les mains de certaines gens, en un moyen de combattre la raison, la justice et la liberté, des esprits sincères, mais peu éclairés, se persuadent qu'il y a réellement une opposition entre la cause des lumières et celle de la foi chrétienne ; il est à craindre que la juste répugnance que leur inspirent des diatribes contre tout ce qui, dans l'ordre des sociétés humaines, est digne d'estime et de respect, ne les éloigne de cette foi sainte si indignement travestie.

Il est donc essentiel de rétablir la vérité. Il importe que l'on sache que les pays où l'esprit humain marche à pas de géant, que les pays qui nous précèdent dans la carrière de

la liberté, de la civilisation et de l'industrie, sont aussi ceux où l'Évangile brille de tout son éclat; et que
si l'Angleterre et l'Amérique sont la
terre classique de la liberté, c'est
aussi là que se trouvent en plus grand
nombre ces hommes vraiment dignes
du nom de chrétiens, dont toute la
vie, toutes les actions, toutes les pensées, sont guidées par une croyance
vive et pratique aux grandes doctrines de la rédemption.

Le Récit dont nous publions la
traduction offre un indice entre mille
de cette vérité incontestable; c'est
sous ce rapport surtout que nous
le recommandons à l'attention des
lecteurs.

RÉCIT

DE LA

PERTE DU BATIMENT

DE LA COMPAGNIE DES INDES,

LE KENT.

Le Kent, vaisseau de la Compagnie des Indes, capitaine Henry Cobb, beau bâtiment neuf de 1,350 tonneaux, destiné pour le Bengale et la Chine, mit à la voile des Dunes le 19 février 1825, ayant à bord vingt officiers, trois cent quarante-quatre soldats, quarante-trois femmes et soixante-six enfans, faisant partie du 31ᵉ régiment, outre vingt passagers et un équipage de cent quarante-huit hommes, officiers compris.

Entourés de toutes les circonstances qui devaient leur faire espérer un voyage

prospère , et de tous les soins qui pouvaient contribuer à leur santé et à leur
bien-être, mes braves camarades paraissaient heureux , et leur cœur battait de
reconnaissance pour cette patrie qu'ils
servaient avec zèle , et dont ils allaient
joyeusement défendre les intérêts.

Poussé par un vent frais du nord-est ,
notre beau navire descendait majestueusement la Manche , et dépassait avec
rapidité plus d'un point de la côte cher
à nos souvenirs. Dans la soirée du 23
nous perdîmes de vue les rivages de
l'heureuse Angleterre et nous entrâmes
dans l'Atlantique, ne nous attendant
point à revoir la terre avant d'arriver
dans les parages de l'Inde.

Malgré de légers intervalles de mauvais temps, nous continuâmes à faire
route jusque dans la nuit du lundi 28,
que nous nous trouvâmes subitement
arrêtés par un coup de vent du sud-
ouest, dont la violence augmenta pro-

gressivement pendant toute la matinée
suivante. Nous étions alors par 47° 30′
de lat. et 10° de long. ouest de Green-
wich.

Ceux qui n'ont jamais « descendu sur
« la mer dans des navires, et vu les
« merveilles de l'Éternel dans les lieux
« profonds », ceux même qui tout en
ayant navigué n'ont jamais été exposés
par un vent d'ouest aux vagues gigan-
tesques de la baie de Biscaye, accuse-
raient sans doute d'exagération la description la plus simple et la plus fidèle
de ces montagnes d'eau qui roulent
l'une sur l'autre. Mais je crois impossible
à un marin débutant dans la carrière,
quelque insouciant qu'il puisse être, de
contempler les efforts redoublés de la
tempête, et de sentir trembler sous ses
pieds la frêle machine qui le sépare de
l'abîme, sans élever involontairement
ses pensées en haut, en faisant le secret
aveu de sa faiblesse, et sans éprouver un

respect inconnu jusqu'alors pour cet Être mystérieux dont nous oublions la puissance dans les circonstances ordinaires de notre vie, et dont la bonté infinie n'est que trop souvent payée d'ingratitude.

L'activité des officiers et de l'équipage du *Kent* paraissait s'accroître avec le danger. Nos grandes voiles furent promptement carguées ou mises aux bas ris, et le 1ᵉʳ mars à dix heures du matin, après avoir amené nos vergues de perroquet, nous étions à la cape sous le grand hunier seul, avec trois ris pris, nos fausses fenêtres de poupe fermées, et tous les soldats de quart amarrés à un cordage de sûreté que l'on avait tendu sur le pont.

Le roulis qui était fort augmenté par quelques centaines de tonneaux de boulets et de bombes qui formaient une partie de la cargaison, devint si violent vers midi, qu'à chaque secousse les chaînes de haubans plongeaient de plusieurs pieds dans la mer. Les meubles les mieux calés étaient culbutés avec tant de fracas, que personne ne pouvait se croire en sûreté dans sa chambre ni dans la salle commune.

Ce fut vers cette époque qu'un des officiers, dans la louable intention de s'assurer si tout était en bon ordre à fond de cale, y descendit avec deux matelots munis d'une lampe de sûreté; et comme cette lampe brûlait mal, il eut la précaution de ne pas la raviver lui-même, crainte de feu, mais de l'envoyer sur la plate-forme des câbles pour en faire arranger la mêche. S'étant aperçu ensuite qu'une des barriques d'eau-de-vie était hors de sa place, il donna ordre aux matelots d'aller chercher des coins pour la caler; mais, pendant leur absence le vaisseau ayant éprouvé une violente secousse, l'officier laissa malheureusement échapper sa lampe, et dans son empressement à la ramasser, il lâcha prise de la barrique qu'il tenait en respect. La barrique s'effondra, et l'eau-de-vie entrant en contact avec la mèche de la lampe, tout fut bientôt en flammes.

Je ne sais quelles mesures on prit immédiatement. J'étais resté occupé soit à mettre en sûreté mes meubles, soit à observer les baromètres de marine suspendus dans la chambre du conseil, où j'avais rencontré madame ✱✱✱, et lui avais lu à sa demande le 12ᵉ chap. de S. Luc, qui explique si admirablement le tendre soin que la Providence prend de ses enfans, et qui en même temps proclame le commandement solennel de veiller sans cesse, et de se tenir prêt pour la venue du Fils de l'Homme.

Ce fut alors que l'officier de quart, M. Spence, m'apprit la nouvelle alarmante que le feu était dans la cale au vin. Je courus à l'écoutille d'où la fumée commençait à s'échapper, et je trouvai le

capitaine Cobb et d'autres officiers donnant des ordres qui paraissaient promptement exécutés par l'équipage et par la
troupe, chacun s'efforçant à l'envi d'é-
teindre le feu, au moyen de pompes,
de seaux d'eau, de voiles mouillées,
de hamacs, etc.

Désirant causer aussi peu d'alarme
que possible aux femmes que nous
avions à bord, je frappai doucement à
la porte du lieutenant-colonel Fearon,
commandant du 31ᵉ, et lui dis que je
désirais lui parler. Mais soit que ma
physionomie trahît mes sentimens, soit
que le bruit et la confusion qui allaient
croissant sur le pont eussent fait craindre à ces dames que la tempête ne
devînt plus sérieuse, j'eus beaucoup
de peine à les calmer en les assurant
que l'orage ne nous menaçait d'aucun
danger.

Tant que le feu restait renfermé dans
la cale où il avait éclaté et qui était

entourée de tous côtés par les barriques d'eau, nous pouvions nous livrer à l'espoir qu'on s'en rendrait maître. Mais lorsqu'à la légère flamme bleue de l'eau-de-vie nous vîmes succéder d'énormes tourbillons d'une fumée noire et épaisse, qui s'échappant avec rapidité des quatre écoutilles venaient rouler en torrens d'un bout à l'autre du vaisseau, il fut désormais impossible de rien dissimuler, et nous perdîmes presque toute espérance de sauver le bâtiment. « La « flamme a gagné les câbles », s'écrièrent quelques voix, et bientôt en effet une odeur forte de goudron qui se répandit sur le pont, confirma la vérité de cette exclamation.

Dans ce terrible moment, le capitaine Cobb, dont l'habileté et la décision de caractère semblaient s'accroître avec l'imminence du danger, eut recours à la seule alternative qui lui restât. Il donna ordre de pratiquer des voies d'eau dans

le premier et le second pont, de dé-
blayer les écoutilles et d'ouvrir les
sabords de la batterie basse, afin de
laisser entrer la mer de toutes parts.

Ces instructions furent promptement
suivies ; mais déjà quelques soldats, une
femme et plusieurs enfans avaient péri
après d'inutiles efforts pour gagner le
pont supérieur. En descendant à la
batterie basse avec le colonel Fearon,
le capitaine Bray et un ou deux autres
officiers du 31ᵉ, pour aider à ouvrir les
sabords, nous rencontrâmes un des contre-maîtres, qui totalement épuisé et près
de perdre connaissance, nous dit qu'il
venait de heurter du pied contre les
cadavres de quelques personnes suffo-
quées par la fumée dont il avait failli
lui-même être victime. En effet, cette
fumée était si épaisse et si âcre, que
nous eûmes grand'peine à rester dans
l'entrepont assez de temps pour exécuter
les ordres du capitaine Cobb. Mais nous

n'en fûmes pas plus tôt venus à bout, que la mer se précipita dans le navire avec une force irrésistible, brisant les cloisons et jetant çà et là les caisses les plus lourdes. Dans toute autre circonstance imaginable, un pareil spectacle nous aurait pénétrés d'horreur ; mais menacés alors d'une explosion prochaine, nous nous flattions de trouver notre salut dans cette ressource violente, et plongés dans l'eau jusqu'aux genoux, nous cherchions à ranimer mutuellement nos espérances.

L'immense quantité d'eau qui entra dans la cale, parvint en effet à arrêter pour quelque temps la fureur des flammes ; mais le danger de sombrer augmentait à mesure que celui de sauter en l'air semblait diminuer. La mort nous environnait sous les deux formes les plus redoutables, et ne nous laissait que l'alternative. Préférant donc la plus éloignée de deux catastrophes également certaines, nous nous efforçâmes de refermer les sabords, de boucher les écoutilles et d'exclure l'air extérieur, pour prolonger du moins notre existence, s'il était possible.

Alors commença une scène d'horreur qui passe toute description. Le pont supérieur était couvert de six à sept cents créatures humaines dont plusieurs que le mal de mer avait retenues dans leur lit, s'étaient vues forcées de s'enfuir sans vêtemens, et couraient çà et là cherchant un père, un mari, des enfans. Les uns attendaient leur sort avec une résignation silencieuse ou une insensibilité stupide, d'autres se livraient à toute la frénésie du désespoir. Plusieurs imploraient à genoux, avec cris et avec larmes, la miséricorde du Tout-Puissant, dont le bras, disaient-ils, s'était enfin levé pour les punir. Les catholiques répétaient à la hâte le signe de la croix, ou accomplissaient d'autres actes extérieurs de dévotion exigés dans leur croyance, tandis que quelques uns des soldats et des marins les plus vieux et les plus fermes de cœur allaient d'un air sombre se placer directement au-dessus du magasin à poudre, afin, disaient-ils, que l'explosion qu'on attendait d'un instant à l'autre, terminât plus promptement leurs souffrances.

Plusieurs des femmes et des enfans de soldats qui étaient venus chercher un refuge dans les chambres des ponts supérieurs, priaient et lisaient l'Écriture sainte avec les femmes des officiers et des passagers, dont quelques unes, douées d'un calme sublime, offraient aux autres les consolations spirituelles dont une confiance ferme et éclairée dans leur Rédempteur les avait pénétrées. Deux jeunes personnes en particulier se concilièrent l'admiration de tous ceux qui furent témoins des preuves qu'elles donnèrent de la force naturelle de leur âme et de la douce pureté de leur foi chrétienne. Lorsqu'on vint leur annoncer que tout espoir était perdu et qu'une mort inévitable s'avançait à grands pas, une d'elles se mit à genoux les mains jointes, et dit avec calme : Viens, mon Sauveur, je t'attends. Aussitôt elle offrit aux femmes qui l'entouraient de leur lire des portions de l'Écriture sainte, et sa sœur, avec non moins de recueillement et de présence d'esprit, fit choix du psaume 46 (1), et d'autres passages applicables à leur

______

(1) « Dieu est notre retraite, notre force et « notre secours dans les détresses. C'est pourquoi « nous ne craindrons point, quand même la terre « se bouleverserait et que les montagnes se ren- « verseraient au milieu de la mer, et que ses eaux « viendraient à bruire et à se troubler, et que les « montagnes seraient ébranlées par l'élévation de « ses vagues.... L'Éternel des armées est avec nous, « le Dieu de Jacob est notre haute retraite. » *Ps.* 46.

situation, qu'elles lurent alternativement, en entremêlant cette lecture de
prières.

Un jeune homme, dont je ne saurais
louer ici les talens précoces et la piété,
m'ayant demandé avec calme ce que
je pensais de notre situation, je lui
répondis que nous devions nous pré-
parer à reposer dès cette nuit même
dans le sein de l'éternité. Je n'oublierai jamais la ferveur particulière
avec laquelle il reprit alors, en me
serrant la main : « Mon cœur est plein
de la paix de Dieu, et cependant je
redoute beaucoup ce dernier combat,
tout en sachant que cette crainte est
absurde. »

Entre autres objets qui me frappèrent
dans cet instant, je fus particulièrement
affecté du spectacle de quelques pauvres
enfans qui, entièrement ignorans du
danger qui les menaçait, continuaient à
jouer dans leurs lits comme de coutume,

et adressaient à ceux qui les entouraient les questions les plus naïves et les plus hors de saison. Je dis tout bas à d'autres enfans qui paraissaient sentir toute l'étendue de notre péril : « Voici le moment de mettre en pratique les leçons que vous avez reçues à l'école du régiment, et de penser à ce Sauveur dont on vous a si souvent entretenus.—Ah! monsieur, me répondirent-ils, et en parlant, de grosses larmes coulaient le long de leurs joues, nous tâchons de nous rappeler ces leçons et nous prions Dieu. »

La condition passive à laquelle nous nous trouvions réduits par l'inutilité de tous nos efforts, était sans doute destinée par la Providence à nous convaincre plus tard que notre délivrance avait été accomplie non point « par notre propre « force et par notre puissance, mais par « l'esprit du Seigneur ». Puissent les réflexions profondes et solennelles auxquelles nous avions alors tout lieu de nous livrer, n'avoir pas été sans fruit pour ceux qui ont été épargnés, comme pour ceux qui ont péri.

Un écrivain religieux a remarqué que dans la chaleur de la bataille, il est non seulement possible, mais facile de ne point songer à la mort et de cesser de penser, tandis que dans les longues heures d'un naufrage qui se prépare, lorsque l'esprit n'est occupé que du souvenir d'efforts inutiles, et des avant-coureurs d'une destruction inévitable, il n'est ni aisé ni même possible d'oublier l'avenir qui nous attend. La dernière partie de cette assertion me paraît fort contestable ; car à juger des sentimens de tous mes compagnons d'infortune par ceux dont j'ai pu entendre l'expression, je suis porté à croire que les hommes dont l'attention ne s'est jamais fixée tout entière sur le grand sujet de la religion, approchent des portes de la mort avec solennité ou avec terreur, mais sans aucune conviction palpable de ce fait, qu'après la mort vient le jugement.

Sans doute plusieurs s'écriaient d'une voix lamentable que si le Seigneur leur conservait la vie, ils faisaient vœu de consacrer désormais toutes leurs facultés à son service : d'autres répétaient tout haut, dans l'amertume de leurs remords, que les jugemens de l'Éternel tombaient justement sur leur tête, qu'ils les avaient bien mérités par l'oubli de leurs devoirs religieux, par leur vie profane et dissipée. Mais il n'y en avait qu'un très petit nombre qui parût contempler l'éternité qui s'ouvrait devant nous avec un sentiment vif et distinct de crainte ou d'espérance. Je puis citer un exemple de la vérité de cette observation. Ayant eu occasion de monter à la hune d'artimon, j'y rencontrai un jeune homme qui m'avait été recommandé par un de mes amis. Sur le haut de ce màt, tandis que nous étions balancés avec violence par le roulis, je crus de mon devoir de lui adresser tranquillement cette question : « Que devons-nous faire pour être sauvés? » et ce jeune homme a dit depuis, que, bien qu'il se crût parfaitement certain d'une mort immédiate, la pensée de l'éternité n'avait pas même traversé son esprit, avant notre conversation.

Tandis que nous étions ainsi dans un état d'inertie physique, mais de douloureuse agitation morale; tandis que les vagues se précipitaient avec fureur contre les flancs de notre malheureux navire, comme si l'Océan eût été jaloux de ce qu'un élément rival lui disputait sa proie, un de ces nombreux coups de mer qui brisaient et jetaient çà et là tout ce que renfermait le bâtiment, arracha tout à coup l'habitacle de ses amarres, et mit en pièces l'appareil de la boussole. Alors, un des jeunes contre-maîtres, après un instant de morne silence, s'écria avec l'émotion si naturelle à un marin en pareille circonstance : « Quoi! il est donc vrai que *le Kent* n'a plus de boussole ! » et il laissa les spectateurs tirer eux-mêmes la conclusion d'un tel présage. On vit un jeune officier de la meilleure espérance, prendre d'un air pensif une boucle de cheveux dans son écritoire, et la placer sur son cœur. Un autre, s'étant procuré du papier, écrivit à son père quelques lignes qu'il enferma soigneusement dans une bouteille, espérant que peut-être elles parviendraient à leur adresse. Son but, disait-il, était d'épargner à son père de longues années d'anxiété et de tourmens inutiles, et de profiter d'un moment où sa sincérité ne pouvait être révoquée en doute, pour rendre humblement témoignage à la fidélité de ce Dieu en qui il avait mis sa confiance, et qui maintenant faisait régner la paix dans son cœur, en présence du terrible spectacle d'une mort immédiate.

Dans le moment même où l'officier dont je parle allait jeter sa bouteille à la mer, il vint à l'esprit de M. Thomson, l'un des seconds, de faire monter un homme au petit mât de hune, souhaitant, plus qu'il ne l'espérait, que l'on pût découvrir quelque vaisseau secourable sur la surface de l'Océan. Le matelot arrivé à son poste parcourut des yeux tout l'horizon, ce fut pour nous un moment d'angoisse inexprimable; puis tout à coup, agitant son chapeau, il s'écria : Une voile sous le vent. Cette heureuse nouvelle fut reçue avec un profond sentiment de reconnaissance, et l'on y répondit par trois cris de joie. Nous hissâmes à l'instant nos pavillons de détresse, nous tirâmes le canon de minute en minute, et nous nous efforçâmes d'arriver sur le bâtiment qui était en vue, sous la misaine et les trois huniers. Ce bâtiment, comme nous l'apprîmes plus tard, se trouva être *la Cambria*, capitaine Cook, petit brick de 200 tonneaux, destiné pour la Véra-Cruz, et ayant à bord vingt à trente mineurs de Cornouailles, et d'autres employés de la Compagnie anglo-mexicaine.

Pendant dix à quinze minutes, nous fûmes en doute si le brick apercevait nos signaux, et si les apercevant, il pouvait ou voulait nous porter secours. Il paraît que la violence du vent ne permettait pas d'entendre le bruit de nos canons, mais les tourbillons de fumée qui s'élevaient de notre bâtiment indiquaient assez la nature du danger que nous courions, et après quelques instans de douloureuse incertitude, nous vîmes le brick hisser pavillon anglais et mettre toutes voiles dehors pour venir à notre assistance.

Quoiqu'il eût été tout à la fois impossible et inconvenant de réprimer les espérances que fit naître parmi nous la rencontre imprévue de *la Cambria*, j'avoue qu'en réfléchissant aux progrès qu'avait déjà faits l'incendie, à la violence de la mer, à l'extrême petitesse du brick, et à la foule de créatures humaines que nous avions à bord, je me flattais à peine que l'on pût en sauver un petit nombre; mais je n'entrevoyais pas pour moi-même la moindre chance de conserver la vie.

Pendant que le capitaine Cobb, le colonel Fearon et le major Mac-Gregor tenaient conseil sur les mesures à prendre pour mettre les embarcations à la mer, un des lieutenans du 51ᵉ vint demander au major dans quel ordre les officiers devaient quitter le vaisseau; à quoi le major répondit : «Dans l'ordre que l'on observe aux funérailles, cela va sans dire. — Cet ordre fut à l'instant confirmé par le colonel Fearon, qui ajouta : « Sans aucun doute, les cadets les premiers ; mais faites passer au fil de l'épée tout homme qui ferait mine d'entrer dans les chaloupes avant que l'on ait sauvé les femmes et les enfans. »

Pour empêcher l'encombrement, que l'on avait lieu de craindre d'après les signes d'impatience qui se manifestaient chez les soldats et les marins, quelques uns des officiers se mirent en faction, l'épée à la main, auprès de chaque embarcation ; mais la bonne contenance des commandans et la grande subordination dont les soldats firent preuve, à peu d'exceptions près, rendirent plus tard cette précaution inutile.

Le capitaine Cobb ayant pris sagement ses mesures pour placer dans le grand canot toutes les femmes d'officiers et de passagers, et autant de femmes de soldats qu'il en pourrait contenir, elles s'enveloppèrent à la hâte des premiers vêtemens qu'elles trouvèrent sous leur main ; et, vers deux heures ou deux heures et demie, une procession lugubre s'avança des chambres d'arrière vers le sabord au-dessous duquel le canot était suspendu.

On n'entendait pas un cri, on prononçait à peine une parole ; les plus petits enfans même cessaient de pleurer, comme s'ils avaient eu le sentiment de l'angoisse qui déchirait le cœur de leurs parens dans ces adieux solennels. Le silence ne fut interrompu qu'une ou deux fois par des femmes qui demandaient en grâce la permission de rester auprès de leurs maris. Mais, lorsqu'on les assura que chaque instant de retard pouvait coûter la vie à un homme, elles s'arrachèrent aux plus tendres embrassemens ; et avec cette force d'âme qui, dans les grandes épreuves, est le caractère et l'ornement de leur sexe ; elles se placèrent, sans murmurer, dans le canot que l'on descendit aussitôt à la mer. Mais les lames étaient si furieuses, que nous espérions à peine que l'embarcation pût y résister un seul instant. Deux fois l'on entendit les marins, postés dans les portehaubans, s'écrier que le canot faisait eau; mais Celui qui a fait marcher Saint Pierre sur la surface des eaux, et qui daignait alors écouter nos prières ferventes, quoique silencieuses, avait résolu de le sauver.

Ne voulant négliger aucune précaution pour rendre la descente du canot moins dangereuse, le capitaine Cobb avait aposté un homme armé d'une hache pour couper à l'instant les palans qui le tenaient suspendu par les deux extrémités, s'il y avait la moindre peine à les décrocher. Toutefois la difficulté d'une semblable opération, qui ne peut être bien appréciée que par les hommes du métier, faillit devenir fatale à tous ceux que portait le canot.

Après avoir essayé une ou deux fois, sans succès, de déposer doucement cette frêle embarcation sur la surface de la mer, l'ordre fut donné de défaire les crochets. En effet, le palan de poupe fut dégagé à l'instant; mais les cordages de la proue s'étant embrouillés, l'homme qui était placé à l'avant ne put point exécuter l'ordre. En vain eut-on recours à la hache, le danger devint plus critique qu'on ne peut dire, car le canot, suivant nécessairement tous les mouvemens du vaisseau, sortait peu à peu de la mer. Un instant plus tard, il se trouvait suspendu verticalement par la proue, et tous les malheureux passagers qu'il contenait étaient lancés dans l'abîme, lorsque par bonheur une vague, venant à soulever l'arrière, permit aux matelots de dégager le palan de la proue. Alors on poussa adroitement au large, et pendant quelque temps nous vîmes le canot lutter avec les vagues, tantôt s'élevant comme un point noir sur leur sommet, tantôt s'engouffrant dans les redoutables vallées que les lames laissaient entre elles.

La Cambria avait eu la prudence de mettre en panne à une certaine distance du *Kent*, de peur de devenir victime de l'explosion, ou d'être exposée au feu de nos canons chargés à boulet, qui partaient à mesure qu'ils étaient atteints par les flammes. Le canot avait donc un assez grand espace à parcourir, et le succès de cette première tentative étant la mesure de nos espérances à venir, on peut croire avec quelle anxiété nous suivions des yeux cette précieuse embarcation, précieuse surtout pour les pères et pour les maris qui tremblaient de voir engloutir tout ce qu'ils avaient de plus cher au monde.

Pour tenir le canot mieux en équi-libre au milieu de la mer en furie, et pour donner aux matelots la facilité de

forcer de rames, les femmes et les enfans furent entassés pêle-mêle sous les
bancs, et se virent par là exposés à être
noyés par l'écume qui à chaque coup
de mer inondait le canot, tellement
qu'avant d'arriver au brick, les pauvres
femmes étaient assises dans l'eau jusqu'à
la poitrine, et avaient grande peine à
préserver leurs enfans.

Toutefois, au bout de vingt minutes
ou d'une demi-heure, le canot eut ac-
costé l'arche de refuge, et la première
créature humaine qui trouva un asile à
bord de *la Cambria*, fut le fils du major
Mac-Gregor, enfant de quelques se-
maines, qui fut pris d'entre les bras de
sa mère, et élevé jusqu'au brick par
M. Thomson, quatrième lieutenant du
Kent, à qui le commandement du canot
avait été confié.

J'ai des raisons pour être certain qu'en
recevant l'assurance que leurs femmes
et leurs enfans venaient d'échapper au

danger le plus pressant, les officiers et
les soldats mariés éprouvèrent une émotion si vive, un sentiment si profond
de joie, de reconnaissance et d'adoration
pour l'Être suprême, qu'ils perdirent entièrement de vue leur propre situation,
et que pendant quelque temps ils devin-
rent insensibles et aux coups redoublés
de la tempête, et au feu dévorant qui
menaçait à chaque instant de faire explosion sous leurs pieds.

Nos embarcations, après leur premier voyage, ayant essayé en vain d'accoster *le Kent* bord à bord, il fallut
prendre le parti de descendre les femmes
et les enfans du haut de la poupe, au
moyen d'un cordage auquel on les atta-
chait deux à deux. Mais, en raison de
la violence du tangage et de l'extrême
difficulté de saisir le moment précis où
un canot se trouvait au-dessous de la
corde, on ne put éviter que plusieurs
de ces malheureuses créatures ne fus-

sent plongées dans la mer à diverses reprises. S'il est consolant pour l'humanité de savoir qu'aucune femme ne périt dans ces tentatives, la perte d'un grand nombre d'enfans était aussi cruelle à voir qu'impossible à empêcher. En effet, les moyens violens qui réduisaient les mères à un état d'épuisement ou d'insensibilité, éteignaient la dernière étincelle de vie chez ces pauvres petites créatures qui étaient attachées à la même corde.

Deux ou trois soldats, pour soulager leurs femmes, sautèrent à la mer avec leurs enfans, et périrent en s'efforçant de les sauver. Une jeune femme ayant absolument refusé de quitter son père, que le devoir retenait à son poste, faillit devenir victime de son dévouement filial; elle ne fut recueillie dans un canot qu'après avoir plongé cinq ou six fois. Un homme, réduit à l'affreuse alternative de perdre sa femme ou ses enfans,

se prononça promptement pour ses devoirs envers sa femme : elle fut sau-
vée; mais, hélas! ses quatre enfans périrent. Un soldat fort bel homme, qui
n'avait ni femme ni enfans, mais qui
témoignait le plus grand intérêt pour
les enfans de ses camarades, en fit attacher trois autour de son corps, et plon-
gea ainsi à la mer : il échoua dans
ses efforts pour gagner le canot, et on
le hissa de nouveau à bord; mais déjà
deux des pauvres enfans avaient cessé
de vivre. Un homme tomba dans l'é-
coutille, et fut à l'instant dévoré par les
flammes; un autre eut l'épine du dos
si complétement brisée, qu'il fut plié
en deux par la violence du coup. Le
danger n'était pas moindre à l'arrivée
qu'au départ. Un homme qui glissa
entre la chaloupe et le brick eut la tête
écrasée en mille morceaux; et quelques
autres périrent en essayant de grimper
à bord.

Les précautions à prendre pour les femmes et les enfans consumaient un temps précieux, dont une partie aurait pu être consacrée à sauver le reste de l'équipage. On donna ordre d'admettre dans les bateaux quelques soldats en sus des femmes; mais cette permission devint fatale à plusieurs d'entre eux qui, dans leur empressement trop avide d'en profiter, sautèrent à la mer et furent engloutis.

Un pauvre soldat, entre autres, fort brave homme, avait déjà atteint le canot, et levait la main pour saisir le platbord, lorsque, par un tangage subit, sa tête heurta contre le bossoir, et il disparut à l'instant. Il y a dans l'histoire de ce pauvre homme une particularité qui mérite d'être remarquée. Sa femme, qu'il aimait tendrement, n'ayant pas été du nombre de celles qui avaient eu permission de suivre le régiment, elle résolut d'éluder la défense,

et gagna Gravesend avec le détache-
ment de son mari ; là elle trouva moyen
d'échapper à la vigilance des senti-
nelles et de se rendre à bord, où elle
resta cachée pendant plusieurs jours. A
Deal, elle fut découverte et renvoyée
à terre ; mais elle parvint une seconde
fois, avec une persévérance dont les
femmes seules sont capables, à se glisser dans l'entrepont, où elle se tint
blottie jusqu'au jour de notre désastre.

Sur ces entrefaites, un matelot, qui
s'était placé, ainsi que plusieurs autres,
droit au-dessus du magasin à poudre,
et qui attendait l'explosion avec beaucoup de sang-froid, s'écria tout à coup
d'un ton d'humeur, et comme impa-
tienté de ce que son attente paraissait
trompée : « Eh bien ! puisqu'il ne veut
pas sauter, je vais voir si je ne peux pas
me tirer d'affaire tout seul ». Aussitôt
il s'élança dans la mer, et gagna à la

nage un des canots, où, m'a-t-on dit, il fut recueilli sans accident.

Je dois faire remarquer que, des six embarcations que nous possédions dans l'origine, trois avaient été brisées ou submergées dans le courant de la journée; et il y a lieu de soupçonner qu'une ou deux de ces chaloupes et les hommes qui les montaient durent leur perte aux dépouilles dont ils s'étaient chargés, car on les avait vus piller les chambres du pont supérieur.

Le jour tirait à sa fin, et les flammes allaient toujours croissant. Le colonel Fearon et le capitaine Cobb se montraient de plus en plus empressés à sauver le reste des braves gens qui leur étaient confiés. Pour leur offrir un moyen plus facile de quitter le vaisseau, on fit suspendre à l'extrémité du gui de brigantine un cordage, le long duquel les hommes devaient se laisser glisser dans les canots. Mais, en faisant cette manœuvre,

on courait grand risque d'être balancé
en l'air pendant quelque temps, et d'être
ensuite ou plongé dans l'eau à plusieurs
reprises, ou brisé contre le plat-bord
des canots; car la violence des lames et
le tangage du bâtiment rendaient impossible aux embarcations de se maintenir en place. Aussi plusieurs de ceux
qui n'étaient pas du métier préféraient-
ils sauter à la mer par les fenêtres de
poupe, et tenter l'entreprise plus chan-
ceuse de gagner les canots à la nage.
On construisit des radeaux avec des
planches, des cages à poulets, et tous
les matériaux que l'on put employer,
pour que l'on eût un dernier refuge, si
les flammes nous obligeaient à abandonner tout-à-fait le bâtiment; et en
même temps chaque homme eut ordre
de se mettre une corde autour du corps,
afin de pouvoir s'amarrer aux radeaux,
si l'on était contraint d'y avoir recours.
Au milieu de tous ces préparatifs, je

tus frappé, je dirais presque diverti, de la délicatesse naïve d'un recrue irlandais, qui, cherchant un bout de cordage dans l'une des chambres, me cria qu'il n'en trouvait pas d'autre que celui qui servait à attacher le hamac d'un officier, et qu'il n'osait pas se l'approprier sans ma permission.

Les officiers commencèrent alors à quitter le bâtiment, et leur départ fut marqué par la discipline la plus rigide, comme par la plus grande intrépidité. Personne ne fit parade de cette vaine bravoure qui, en pareille circonstance, est plutôt un indice de timidité secrète que de véritable force d'âme. Nul ne trahit par son impatience à gagner les canots, des sentimens indignes d'un soldat; tous, au contraire, se comportèrent en hommes qui, sans contempler la mort avec une insouciance profane, conservent en présence du danger la pleine disposition de leurs facultés.

Mais le pus bel exemple de calme et de courage fut celui que donna leur chef, dont l'habileté et l'inébranlable présence d'esprit ne se démentirent pas un seul instant, quoique sous le double poids de la responsabilité compliquée d'un commandant militaire, et des angoisses d'un père et d'un époux. Jamais le colonel Fearon ne parut oublier l'autorité dont son souverain l'avait investi, et je puis dire aussi que ses officiers ne perdirent jamais de vue leurs devoirs militaires, et les relations où ils étaient placés les uns envers les autres.

Je serais ingrat de ne pas rendre témoignage à la conduite honorable des cadets de la Compagnie des Indes, et des autres passagers qui rivalisèrent de zèle avec les officiers de terre et de mer, et partagèrent avec eux les dangers et les fatigues de la journée.

Au milieu de leurs souffrances, les

pauvres soldats donnèrent une preuve de subordination et de bon cœur, que je ne dois point non plus passer sous silence. Vers le soir, tandis qu'épuisés par l'angoisse, la fatigue et l'inanition, ils commençaient à éprouver le tourment d'une soif intolérable, l'un d'entre eux découvrit par hasard une caisse d'oranges, et tous ses camarades, avec un mélange de respect et d'affection auquel on ne pouvait guère s'attendre en pareille circonstance, refusèrent de profiter de ce rafraîchissement avant d'en avoir offert à leurs officiers.

Le temps ne me permet pas de retracer ici les diverses pensées qui occupèrent mon esprit pendant cette journée ni les observations que je pus faire sur ce qui se passait dans l'âme de mes compagnons d'infortune, mais je crois devoir rapporter un fait moral dont je conserve un souvenir très distinct.

Je me serais attendu, *à priori*, à

trouver parmi le grand nombre de personnes qui étaient à bord, des nuances
très diverses de force d'âme, formant
pour ainsi dire une échelle décroissante
depuis l'héroïsme jusqu'au dernier de-
gré de la pusillanimité et de l'égarement.
Au contraire, la condition mentale de
mes compagnons de souffrance était
séparée en deux couleurs fortement
tranchées, par une seule ligne, qui,
comme je le vis plus tard, n'était pas impossible à franchir. D'un côté l'on voyait
rangés tous ceux dont l'âme était élevée
bien au-dessus de sa portée habituelle
par la force de la situation ; et de l'autre
se faisait remarquer le groupe incom-
parablement moins nombreux de ceux
chez qui le danger avait paralysé toute
faculté d'agir et de penser, ou qu'il
avait plongés dans le délire.

Et ce ne fut pas sans intérêt que
j'observai le curieux échange de force
et de faiblesse qui pendant le cours de

la journée eut lieu , du moins en apparence , entre ces deux classes opposées.
Quelques hommes, que leur agitation et
leur timidité avaient le matin même
rendus l'objet de la pitié ou du mépris,
s'élevèrent plus tard par quelque grand
effort intérieur, jusqu'au courage le
plus remarquable ; tandis que d'autres
dont on avait admiré d'abord la fermeté
et le calme , succombant tout à coup,
sans nouveau sujet de désespoir, semblaient abandonner lâchement leur
esprit comme leur corps à l'approche
du danger.

Il ne serait peut-être pas difficile de
rendre compte de ces anomalies appa-
rentes, mais je me borne à raconter mes
observations , en y ajoutant une circonstance qui produisit sur moi-même une
très vive impression.

Quelques soldats ayant fait par hasard
la remarque que le soleil se couchait, je
tournai les yeux vers l'occident , et je

n'oublierai jamais la sensation profonde que me causa la vue de cet astre à son déclin. Je m'étais bien pénétré de la conviction que cette nuit même l'Océan serait mon tombeau, et mon esprit était parvenu, je crois, à se représenter vivement et les dernières souffrances de la vie et les conséquences de la mort. Mais tandis que je continuais à suivre des yeux les rayons qui s'éclipsaient derrière l'horizon, la pensée que je voyais réellement le soleil pour la dernière fois s'empara peu à peu de mon âme et se confondit avec des réflexions de la plus redoutable importance. Ce n'était point, j'en suis persuadé, le souvenir d'une vie trop inutile, ni la crainte directe de la mort ou du jugement, qui me préoccupaient dans cet instant; c'était une vue immense, une vue sans bornes de l'éternité elle-même, abstraction faite de toute idée de misère ou de félicité; c'était une éternité sans peine, sans plaisir, sans sommeil. Je ne sais où cette pensée accablante m'aurait entraîné, si je ne m'étais pas tout à coup rattaché, comme dans les convulsions de la mort, à quelqu'une de ces douces promesses de l'Évangile qui peuvent seules donner du charme à une existence immortelle. Dès lors le spectacle même de l'astre que je voyais disparaître ramena mon esprit à la contemplation de cette cité bienheureuse « qui n'a besoin « ni de soleil ni de lune pour l'éclairer; « car la gloire de Dieu l'éclaire, et « l'Agneau est son flambeau ».

Si je rapporte avec précision les sentimens que j'éprouvai dans cette circonstance, c'est qu'ils tendent à confirmer l'opinion où je suis depuis long-temps, que nous nous faisons très rarement une image vivante des objets qui dans nos réflexions journalières paraissent au premier rang de nos intérêts. Nous sommes si accoutumés à prononcer les mots redoutables de Tout-Puissant, de ciel, de justice divine, de sainteté, d'éternité, sans y attacher dans toute leur grandeur les idées dont ces expressions sont le symbole, que nous nous sentons accablés comme par une découverte nouvelle et alarmante, lorsque tout à coup ces idées viennent se présenter à nous avec force. C'est ce vague de nos pensées auquel n'échappent point ceux-là même dont l'esprit n'est pas entièrement étranger à la religion, qui explique comment d'autres, dénués de toute réflexion, peuvent arriver jusqu'au bord de l'abîme qui sépare le monde du temps des régions de l'éternité, avec une tranquillité non seulement apparente, mais souvent réelle. Combien il est déplorable que nous n'ayons pas présente à l'esprit cette vérité si simple et si incontestable, que pour rester aveugles ou indifférens à un danger soit temporel, soit éternel, ce danger n'en est ni moins sérieux ni moins rapproché de nous.

Nous étions environnés depuis quelque temps des ombres de la nuit, lorsque je descendis dans la grande chambre pour y chercher une couverture, afin de me garantir du froid qui devenait très intense. Cette salle, qui peu d'heures auparavant avait été le théâtre d'une conversation amicale et d'une douce gaîté, était presque déserte : on n'y voyait que quelques misérables dont les uns étaient étendus sur le plancher dans un état d'ivresse brutale, tandis que les autres rôdaient comme des bêtes de proie en quête de pillage. Les sofas, les commodes, les meubles les plus élégans étaient brisés en mille morceaux épars ; des oies et des poulets échappés de leurs cages couraient çà et là, et un cochon, qui avait trouvé le moyen de sortir de son étable sur le gaillard d'avant, était seul en possession du tapis de Turquie dont une des chambres était décorée. Charmé de quitter ce spec-

tacle dégoûtant qui devenait plus triste
encore par la fumée qui commençait à
se faire jour à travers le plancher, je
retournai sur la dunette où je retrouvai
parmi le petit nombre d'officiers qui
restaient à bord, le capitaine Cobb, le
colonel Fearon, et les lieutenans Rux-
ton, Booth et Evans, qui dirigeaient
avec un zèle infatigable le départ de nos
malheureux camarades, dont le nombre
commençait à diminuer rapidement.

Comme il s'écoulait près de trois
quarts d'heure entre le départ des chaloupes et leur retour, et que pendant
cet intervalle les hommes qui restaient
à bord étaient nécessairement réduits
à l'inaction, j'eus de fréquentes occasions de connaître les sentimens de
plusieurs des malheureux soldats qui
m'entouraient. J'en voyais qui, après
être restés quelque temps absorbés dans
de mornes réflexions, semblaient tout
à coup comme réveillés d'un rêve ter-

rible par une réalité plus effrayante encore, et se répandaient en longues lamentations, pour retomber bientôt après dans le silence du désespoir. C'était dans ces momens d'inaction et d'épreuve que les consolations religieuses paraissaient le plus nécessaires et le plus désirées. Aussi, quelques uns d'entre nous s'efforçaient d'en distribuer à leurs compagnons d'infortune, suivant ce qu'ils pouvaient discerner de leurs sentimens et de leurs besoins spirituels. Dans une de ces occasions, on supplia en particulier l'officier auquel j'ai déjà fait allusion, de prononcer une prière. Cette prière fut courte, mais fréquemment interrompue par les exclamations de ses honnêtes auditeurs, qui se sentaient contraints par la force de la vérité à se joindre de cœur à quelques unes de ses confessions.

Je ne sais pas comment, en pareille circonstance, des espérances ou des con-

solations spirituelles auraient pu être
offertes à nos malheureux compagnons,
par ceux qui considèrent les œuvres, en
tout ou en partie, comme le moyen
d'apaiser la justice divine, au lieu de
s'attacher à cette foi qui rend le calme
à notre conscience et purifie notre cœur.
Mais ce que je puis dire sans hésiter,
c'est que, lorsque j'entendis alors quelques personnes se lamenter de ce que
le temps leur manquait pour la repen-
tance et les bonnes œuvres, les seuls
argumens qui apportassent quelque sou-
lagement à leur âme troublée étaient
ceux qui tendaient directement à leur
donner l'assurance de la gratuité et de
la plénitude de cette grâce qui, même
à la onzième heure, n'est pas refusée au
plus grand des pécheurs. Si quelqu'un
de ceux à qui je fais allusion a échappé
au naufrage, et trouve consignés dans
ce récit les sentimens dont il était agité
en présence de la mort, il fera bien de

se rappeler les vœux solennels qu'il a prononcés dans un tel moment, et de mettre à profit le répit qui lui a été miséricordieusement accordé ; il fera bien de demander chaque jour avec humilité l'augmentation de cette foi qui a pu seule calmer les terreurs de sa conscience, et qui seule aussi peut le faire vivre désormais dans la vertu, la justice et la sainteté, en donnant par sa conduite la preuve incontestable de son amour pour Dieu, et de sa participation au grand salut qui nous est acquis par Jésus-Christ.

Si, en lisant cette narration imparfaite, quelque autre que mes compagnons d'infortune (car pour ceux-là je puis déclarer sans crainte qu'ils ne songeaient pas à tourner de pareilles réflexions en ridicule) ; si quelqu'un, dis-je, était tenté de dénigrer, comme indignes d'un militaire, les humbles exercices de piété auxquels nous nous

livrions alors, je lui répondrais que,
bien que nous n'eussions d'autre objet
en vue que les intérêts éternels de nos
âmes, ces actes de dévotion contribuè-
rent puissamment à rétablir l'ordre et
le calme chez un petit nombre de soldats sur qui, dans cette situation désas-
treuse, la discipline avait cessé d'exercer son empire accoutumé.

En général, les hommes doués d'une
véritable force d'âme ne montrèrent ni
impatience de quitter le vaisseau, ni
désir de rester en arrière. Les vieux
soldats paraissaient avoir trop de respect pour leurs officiers, et trop de
soin de leur propre réputation, pour se
hâter de partir des premiers; mais ils
étaient en même temps trop sages et
trop résolus pour hésiter jusqu'au dernier moment.

Toutefois vers la fin de cette scène tragique, on remarqua que les malheureux
qui restaient encore à bord, loin de ma-

nifester l'impatience de partir, témoi-
gnaient au contraire une répugnance
invincible à adopter le moyen périlleux,
mais unique, qui leur était offert pour
se sauver. Le capitaine Cobb se vit donc
obligé de renouveler, avec prière et avec
menaces, l'ordre de ne pas perdre un
seul instant; et un des officiers du 31ᵉ,
qui avait exprimé l'intention de rester
jusqu'à la fin, fut également contraint
de déclarer que, passé tel délai, qu'il
fixa à haute voix, il quitterait le bâtiment, et abandonnerait à leur malheureux sort ceux dont l'irrésolution com-
promettait la vie des autres aussi-bien
que la leur.

Dix heures du soir approchaient, et
quelques individus continuaient à perdre dans l'hésitation les momens les
plus précieux, tandis que d'autres faisaient la demande inadmissible qu'on
les descendît dans les bateaux comme
les femmes. Avertis par les matelots à

bord des canots que notre bâtiment, qui s'était déjà enfoncé de neuf à dix pieds au-dessus de la ligne de flottaison, venait encore de baisser de deux pieds pendant le dernier voyage; calculant d'ailleurs que les deux embarcations qui étaient alors sous la poupe, jointes à celle qu'à la lueur des flammes on voyait revenir du brick, suffisaient pour contenir tous ceux qui étaient en état d'être transportés, les trois derniers officiers du 31ᵉ songèrent sérieusement à faire leur retraite.

Comme je ne saurais mieux donner l'idée de la situation des autres qu'en décrivant la mienne, je ne fais point scrupule de raconter en détail la manière dont j'échappai; mon histoire sera celle de plusieurs centaines d'individus qui m'avaient précédé.

Le gui de brigantine d'un vaisseau de la grandeur du *Kent*, qui dépasse la poupe de quinze à dix-sept pieds en ligne horizontale, se trouve dans sa position naturelle à dix-huit ou vingt pieds au-dessus de la mer; mais alors, vu la hauteur des vagues et la violence du tangage, il était souvent élevé jusqu'à la hauteur de trente à quarante pieds.

Atteindre la corde suspendue à l'extrémité du gui était donc une manœuvre qui exigeait à la fois une main adroite et des nerfs assurés. L'embarras de se traîner le long de ce mât horizontal, et l'extrême difficulté de saisir la corde et de se laisser glisser, avaient déjà coûté la vie à bien des personnes, qui n'avaient pu se résoudre à tenter ce moyen de salut. Mais ce n'était là que la moindre partie de ce que nous avions à redouter; car le bateau, qui était quelquefois immédiatement au-dessous du gui, se trouvait l'instant d'après entraîné à quinze ou vingt brasses de là par la force des vagues. La meilleure chance qu'eût alors le mal-

heureux qui voyait toutes ses précautions déçues, était de rester suspendu
pendant quelque temps au-dessus de la
mer; mais ordinairement il était plongé
à plusieurs pieds sous l'eau, ou heurté
avec violence contre les bordages du
bateau qui venait à son secours, et trop
souvent même il était obligé de lâcher
prise. Cependant, comme il ne paraissait pas qu'il y eût d'alternative, je
n'hésitai pas à me mettre à cheval sur
ce bâton glissant, malgré mon inexpé-
rience et ma maladresse en pareille situation. Je remerciai Dieu de ce que ce
moyen de délivrance, quelque dangereux
qu'il parût, m'était encore offert; je le
remerciai surtout de m'avoir permis de
remplir honnêtement mon devoir envers mon souverain et mes compagnons
d'armes, et après avoir confié mon âme,
le grand objet de ma sollicitude, à la
garde de Celui qui l'a créée et rachetée,
je me mis à avancer de mon mieux.

Un jeune officier qui me précédait, et moi-même, approchions de l'extrémité du gui, lorsqu'un grain violent mêlé de pluie vint nous assaillir, et nous contraignit à nous tenir cramponnés de toutes nos forces à ce bâton, sur lequel nous étions en équilibre. Nous crûmes alors qu'il faudrait renoncer à tout espoir d'atteindre la corde; mais il en arriva autrement que nous ne craignions. Après quelques minutes d'immobilité, mon compagnon parvint à se saisir de la corde et à descendre dans le canot, où il fut recueilli, après avoir toutefois été plongé une ou deux fois dans l'eau par-dessus la tête. Je me préparai à le suivre; mais au lieu de me laisser glisser, comme plusieurs l'avaient fait imprudemment, dans le moment où le bateau était au-dessous d'eux, et d'arriver par conséquent au bas de la corde lorsque la vague l'avait déjà entraîné plus loin, je calculai qu'il fallait commencer à descendre dans le moment même où le bâteau s'éloignait, parce qu'il était probable que, pendant le temps que je mettrais à arriver en bas, le retour de la vague le ramenerait à sa place au-dessous de la corde. Grâce à cette précaution, je fus, je crois, le seul officier ou soldat qui atteignit le bateau sans avoir été plongé à la mer ou avoir reçu de graves contusions.

Mon ami le colonel Fearon avait été moins heureux ; car, après avoir été balancé en l'air pendant quelque temps, puis heurté à diverses reprises contre le plat-bord du canot, et entraîné même jusque sous la quille, il se sentit si épuisé qu'il allait lâcher prise et disparaître, lorsqu'un des hommes du canot le saisit par les cheveux, et le tira à bord presque sans connaissance.

Le capitaine Cobb était irrévocablement décidé, pour peu que cela fût possible, à être le dernier à quitter son bord; aussi, dans sa généreuse sollicitude pour la vie de tous ceux qui étaient confiés à ses soins, refusa-t-il de gagner les embarcations avant d'avoir fait de nouveaux efforts pour triompher de l'irrésolution d'un petit nombre d'hommes que la frayeur avait privés de la parole et du mouvement. Mais ayant échoué dans toutes ses supplications, et entendant les canons dont les palans étaient coupés par les flammes tomber l'un après l'autre dans la cale et y faire explosion, ce brave officier, après s'être noblement occupé du salut des autres avec une persévérance, un courage et une habileté dont il y a bien peu d'exemples, crut enfin devoir songer à sa propre sûreté. Il saisit la balancine d'artimon, et se laissant glisser le long de ce cordage par-dessus la tête des malheureux qui restaient immobiles sans oser faire un pas en avant ou en arrière, il atteignit l'extrémité du gui, d'où il se laissa tomber dans la mer, et gagna le canot à la nage.

Toutefois, dans ce moment même et long-temps encore après, on ne se lassa pas d'offrir à ces pauvres gens un dernier moyen de se sauver. Malgré l'inutilité des supplications qu'on n'avait cessé de leur adresser, un des bateaux resta en station au-dessous de la poupe, jusqu'au moment où les flammes qui s'échappaient avec violence des fenêtres de la chambre du conseil rendirent impossible de se maintenir dans cette position. Et néanmoins, lorsque ce bateau revint à *la Cambria*, ramenant le seul soldat qu'il eût été possible de déterminer à en profiter, le capitaine Cook, avec une fermeté jalouse, ne voulut pas lui permettre d'accoster son bord, avant d'avoir appris qu'il était commandé par M. Thomson, jeune officier dont le courage et le zèle lui garantissaient que rien n'avait été

négligé de ce qui était humainement
praticable. (1)

Mais cette même Providence bienfai-

---

(1) L'auteur de ce récit, par un sentiment de
bienveillance chrétienne, évite de censurer la
conduite de l'équipage du *Kent;* mais il paraît
qu'elle fut très blâmable, et qu'elle forme le plus
grand contraste avec celle de tous les officiers de
terre et de mer, et de la plupart des soldats du
31ᵉ régiment.

Voici comment s'exprime le capitaine Cook
dans une lettre à ses commettans, qui est insérée
dans l'*Appendix* de l'original anglais.

« Je voudrais pouvoir donner à l'équipage du
« *Kent* les mêmes éloges qu'aux officiers; mais je
« ne puis dissimuler l'étonnement que m'a causé
« sa conduite, indigne à tous égards de la répu-
« tation connue des marins anglais. En effet, après
« le premier voyage des embarcations, les mate-
« lots refusèrent de retourner à leur bâtiment, et
« je fus obligé d'user de toute ma détermination
« pour les contraindre à renouveler leurs efforts.
« et à sauver les soldats, les passagers, et ceux
« de leurs propres camarades qu'ils avaient laissés

sante qui nous avait sauvés d'une manière si inattendue, daigna encore, par une manifestation bien plus frappante de sa puissance et de sa bonté, préserver de la mort ces hommes qui semblaient voués à une perte inévitable.

Il paraît (car le récit de ces pauvres gens est trop confus pour qu'on sache précisément ce qui leur est arrivé) que peu de temps après le départ du dernier canot, les flammes les forcèrent à se réfugier sur les porte-haubans, où ils restèrent jusqu'au moment où les mâts s'écroulèrent par-dessus bord. Ensuite ils se tinrent accrochés aux mâts pendant quelques heures, dans un état dont l'horreur passe toute description.

« en arrière. Ce ne fut qu'en recourant à des me-
« sures coërcitives, et en leur déclarant positi-
« vement que je ne les recevrais pas à mon bord
« s'ils refusaient de faire leur devoir, qu'enfin
« ils s'y déterminèrent, quoique de mauvaise
« grâce. »   (*Note du traducteur.*)

Enfin ils furent découverts et tirés de l'eau d'une manière presque miraculeuse par *la Caroline*, vaisseau allant d'Égypte à Liverpool, dont le commandant (le capitaine Bibbey), homme plein d'humanité, aperçut l'explosion à une très grande distance, et fit à l'instant force de voiles dans la direction du vaisseau incendié. (1)

Quittant pour un moment le vaisseau embrasé, je voudrais rendre compte de ce qui se passait à bord du brick, mais je ne saurais donner l'idée des sentimens de crainte et d'espérance qui se succédaient comme des flots agités dans le cœur des malheureuses femmes pendant les longues heures d'attente et de tourment où elles restaient incertaines du sort de leurs maris. Il me serait encore plus impossible de vous peindre la joie craintive, ou la douleur délirante

____

(1) Voyez l'*Appendix*.

à laquelle s'abandonnaient ces pauvres créatures, quand on venait leur dire que leurs enfans étaient sans père et elles sans époux, ou quand au contraire les êtres chéris qu'elles croyaient perdus pour jamais, venaient tout à coup se précipiter dans leurs bras.

Mais bientôt tous les sentimens restèrent comme suspendus, tant l'attention fut absorbée par la catastrophe de cette longue tragédie. Après l'arrivée du dernier bateau, les flammes qui avaient gagné le pont supérieur et la dunette, montèrent avec la rapidité de l'éclair jusqu'au haut de la mâture. Tout le bâtiment ne forma plus alors qu'une seule masse de feu dont le ciel semblait embrasé, et qui se réfléchissait sur tous les objets à bord de *la Cambria*. Les pavillons de détresse que nous avions hissés le matin, continuèrent à flotter au milieu des flammes, jusqu'au moment où les mâts auxquels ils étaient attachés

s'écroulèrent comme des clochers majestueux. Enfin, à environ une heure
et demie du matin, l'élément dévorant
ayant gagné le magasin à poudre, l'explosion long-temps redoutée eut lieu,
et les débris enflammés de notre bâtiment, naguère l'un des plus beaux de
l'Angleterre, furent lancés dans les airs
comme autant de fusées. L'obscurité
qui succéda à cet éclat funèbre nous
laissa dans une sorte de stupeur, et tous
les souvenirs de cette lugubre journée
semblèrent flotter dans notre esprit
comme le rêve d'un malade tourmenté
de la fièvre.

Cependant le brick, qui graduellement
avait fait de la voile, fila bientôt neuf à
dix nœuds à l'heure, et mit le cap sur
l'Angleterre. Ici je voudrais offrir mon
humble tribut d'admiration et de reconnaissance au brave et généreux
marin qui sous la main de la Providence
a été le principal instrument de notre

délivrance; mais on verra dans l'Appendix que ses héroïques efforts ont ob-
tenu des témoignages plus dignes de
lui. Toutefois on ne doit pas oublier
que les intentions généreuses du capitaine Cook auraient été insuffisantes
pour sauver la vie à tant de monde, si
elles n'avaient été constamment secon-
dées par son équipage et par les passagers à bord de son brick. Tandis que
les matelots de *la Cambria,* qui n'étaient
qu'au nombre de huit, étaient occupés
à manœuvrer le bâtiment, les mineurs
de Cornouailles et les fondeurs de York-
shire, à l'approche des différens bateaux, s'établirent sur les porte-haubans
dans la position la plus périlleuse, et là
ils déployèrent la prodigieuse force
musculaire dont le ciel les a doués, en
saisissant avec adresse, à chaque retour
de la vague, quelqu'une des victimes
du naufrage, et en la traînant jusque sur
le pont. Leur bonté n'en resta pas là :

eux et leurs chefs ouvrirent avec joie leur ample magasin de vêtemens et de vivres, et les distribuèrent d'une main libérale à ceux qui souffraient du froid et de la faim. Ils cédèrent leurs lits aux femmes et aux enfans, et en un mot, pendant tout le cours de notre traversée, ils ne parurent avoir d'autre plaisir que de subvenir à tous nos besoins.

Pendant la première nuit nous n'éprouvâmes pas toutes les alarmes que devaient nous inspirer les souffrances et les dangers auxquels nous étions encore exposés, entassés comme nous l'étions pendant une tempête, au nombre de plus de six cents, sur un petit navire de 200 tonneaux, et à plusieurs centaines de milles de tout port accessible. Notre petite chambre, qui n'était disposée que pour huit ou dix personnes, fut obligée d'en recevoir près de quatre-vingts, dont plusieurs manquaient de place pour s'asseoir : quelques femmes même n'en avaient pas assez pour se coucher. Comme la violence du vent ne diminuait pas, et qu'une des lisses du brick avait été enfoncée la veille, les lames passaient à chaque instant par-dessus le pont, et nous fûmes obligés de fermer les écoutilles. On ne les entr'ouvrait que dans l'intervalle d'une vague à l'autre pour empêcher qu'on ne fût suffoqué dans l'entre-pont où les hommes étaient entassés à un tel point, que la vapeur de leur haleine fit craindre un instant que le vaisseau ne fût en feu, tandis que l'impureté de l'air y était si forte que la flamme d'une bougie s'y éteignait à l'instant. La condition de ceux dont la foule encombrait le pont n'était pas moins malheureuse, car ils étaient obligés de rester nuit et jour dans l'eau jusqu'à la cheville du pied, à moitié nus, et transis de froid et d'humidité. Quelques femmes et quelques uns des enfans les plus âgés tombèrent en convulsions, tandis que les pauvres enfans à la mamelle demandaient par leurs cris déchirans le lait que le sein de leurs mères ne pouvait plus leur offrir. (1)

Un retard de quelques jours en mer aurait infailliblement amené parmi nous la famine, des maladies pestilentielles, et une complication des maux les plus horribles. Notre seul espoir était donc que la même bonté miséricordieuse qui était intervenue si merveilleusement en notre faveur, ne permettrait pas que le vent tombât ou changeât de direction avant que nous eussions atteint un port de refuge. Notre attente ne fut point déçue. Le vent continua et augmenta même de violence, et notre habile

____

(1) Une femme de soldat accoucha une heure ou deux après être arrivée à bord du brick. Elle et son enfant, auquel on a donné fort à propos le nom de *Cambria*, sont aujourd'hui en bonne santé.

capitaine, mettant toutes voiles dehors, au risque de rompre ses mâts, pressa si noblement la marche de son vaisseau, que dès l'après-midi du jeudi 5, nous entendîmes partir du haut de la hune, le cri joyeux de : *Terre à l'avant!* Dans la soirée, nous eûmes connaissance des Sorlingues, et longeant rapidement la côte de Cornouailles, nous jetâmes l'ancre à minuit et demi dans le port de Falmouth.

Si nous passons maintenant en revue les diverses circonstances auxquelles tant de créatures humaines ont dû la vie au milieu d'une complication inouïe de dangers, il sera, je crois, impossible de ne pas y reconnaître, avec une humble gratitude, la providence admirable de ce Dieu, qui, dans ses dispensations mystérieuses, se plaît alternativement à produire les mêmes effets par des causes différentes en apparence, et à faire naître les résultats les plus opposés d'une seule et même cause. En effet, la tempête, qui fut l'origine de nos désastres, devint aussi le principal instrument de notre délivrance ; car si la violence des vagues n'avait pas permis au capitaine Cobb d'inonder immédiatement la cale d'une énorme masse d'eau qui arrêta pendant long-temps la fureur des flammes, *le Kent* aurait été entièrement consumé avant qu'un seul homme eût pu se réfugier à bord de *la Cambria*.

Mais pourquoi choisir un fait isolé au milieu d'une série de circonstances tellement liées entre elles, que, si un seul chaînon avait manqué, nous eussions probablement tous péri.

La Cambria, après avoir été retenue dans le port un mois par-delà l'époque fixée pour son départ, se trouvait le matin même de notre désastre à une grande distance sous le vent, faisant la même route que *le Kent*. Mais sa lisse de tribord ayant été subitement

brisée par une grosse lame qui la prit
en travers, le capitaine Cook, voulant soulager son bâtiment, changea de
bord, et arriva ainsi en vue de notre
navire. Sans m'arrêter à ce que, pendant un espace de onze heures, les
flammes n'atteignirent ni le magasin à
poudre à l'avant (1), ni la grande cale
à eau-de-vie à l'arrière, ni la drosse du
gouvernail, trois accidens également
probables, et dont un seul aurait suffi
pour mettre fin à toute espérance, je
ferai remarquer que, lorsque nous eûmes connaissance de *la Cambria*, nous
n'avions pas aperçu une seule voile depuis plusieurs jours, et que nous n'en
vîmes pas une seule autre jusqu'au moment où nous entrâmes dans les eaux
de la Manche. Ce n'est pas tout; si le

---

(1) La sainte-barbe, dans plusieurs bâtimens
de la Compagnie des Indes, est placée sous le
château d'avant.

capitaine Cook, avec un petit équipage
de huit hommes, avait été sur son retour, au lieu d'être sur son départ, le
faible reste de ses vivres n'eût pas
suffi pour nourrir tant de monde à
un seul repas. Que serait-il arrivé
encore si l'entre-pont de *la Cambria*,
au lieu d'être libre de toute marchan-
dise, avait été encombré d'une cargaison qu'on n'aurait eu ni le temps ni la
possibilité de jeter à la mer? Enfin, à
quelle scène d'horreur, plus terrible
peut-être que celle à laquelle nous ve-
nions d'échapper, ne nous serions-nous
pas vus exposés, si, au lieu d'avoir un
passage incroyablement rapide, le vent
avait faibli ou varié de quelques points?
Et ici je dois rappeler un fait dont il
n'est aucun de nous qui n'ait été vivement frappé; c'est qu'à peine avions-
nous jeté l'ancre dans le port de Falmouth, que le vent, qui avait toujours
été jusque-là au sud-ouest, sauta subite-

ment à la région opposée, et continua pendant plusieurs jours à souffler avec force du nord-est. Celui qui, en réfléchissant à un pareil enchaînement de circonstances, n'y reconnaîtrait pas l'intervention d'une providence divine, serait enveloppé de déplorables ténèbres, ou fermerait volontairement les yeux à la majesté de l'Éternel.

Les femmes, toujours destinées à former notre avant-garde, débarquèrent les premières, et furent accueillies par une foule immense qui était attirée sur la plage, moins par la curiosité que par un désir ardent de soulager leurs souffrances.

Venaient ensuite les marins et les soldats transis de froid et d'humidité, et à moitié nus ; leurs yeux hagards et la bigarrure de leur accoutrement formaient l'assemblage à la fois le plus triste et le plus grotesque qu'il soit possible de concevoir.

Les habitans de Falmouth se montrèrent si empressés à nous secourir, qu'a-
vant même que nous eussions quitté le
point de débarquement, on vint nous
offrir des souliers, des chapeaux, et
d'autres objets de première nécessité.
Dans le cours de la journée, plusieurs
des officiers et des soldats et presque
toutes les femmes furent répartis dans
des maisons particulières, et y jouirent
de l'hospitalité la plus libérale. Mais ces
mouvemens de compassion et de bienfaisance ne se bornèrent pas à l'impression du premier moment. Les
habitans se réunirent en assemblée, on
nomma un comité, et des souscriptions
en argent et en effets d'habillement
furent recueillies pour une valeur considérable. Les femmes et les enfans, dont
les besoins étaient les plus urgens à
soulager, furent pourvus de vêtemens
chauds. Les pauvres veuves et les orphelins reçurent des habits de deuil. On

forma des dépôts de chemises, de souliers, de bas, etc., pour l'usage des officiers et des passagers; les blessés et les
malades conduits à l'hôpital n'y furent
pas seulement l'objet de tous les soins qui
pouvaient adoucir leurs souffrances physiques, mais on les invita à participer
librement aux consolations et aux instructions religieuses les plus judicieu-
sement adaptées à leur état.

Toutes ces œuvres de charité furent
dirigées par les dames de Falmouth
avec l'assistance non interrompue d'une
secte chrétienne qui est aussi remarquable par le zèle persévérant avec
lequel on la voit se présenter en première ligne dès qu'il s'agit d'un acte de
bienfaisance, que par la modestie et la
simplicité parfaite de tout l'ensemble
de sa conduite. J'ai pour ma part de si
fortes raisons d'associer le souvenir de
la Société des Amis avec la pensée de
tout ce qui est bon, humain et charita-

ble, que le nom seul de Quaker sera désormais un titre aux meilleurs senti- mens de mon cœur.

Le dimanche après notre arrivée, le colonel Fearon à la tête de son régi- ment, accompagné du capitaine Cobb, de ses officiers et des passagers qui étaient à bord du *Kent*, alla se proster- ner au pied du trône de miséricorde pour y rendre des actions de grâces publiques au Tout-Puissant. Cette scène produisit une impression profonde, et j'espère de toute mon âme que plus d'un de mes compagnons d'infortune, qui pour la première fois peut-être a en- tendu alors la voix de la religion avec une humilité et un recueillement véri- tables, continuera à mettre sa force en Dieu, et restera fidèle aux bonnes résolutions qu'il a prises dans cette occasion solennelle, jusqu'à ce qu'il dise avec un prophète guerrier : « Il « m'est bon d'avoir été affligé, car avant

« d'être affligé je m'égarais, mais main-
« tenant je garderai de tout mon cœur
« les commandemens. »

Au bout de peu de jours, les passagers et la plupart des marins se furent
dispersés en diverses directions, et ceux
des matelots du *Kent* qui n'avaient pas
perdu, par leur manque d'honnêteté et
de subordination, toute espèce de titre
à l'indulgence du capitaine Cobb, reçurent de sa générosité connue, la somme
suffisante pour regagner leurs foyers.
Le 31e régiment, après avoir contracté
envers les excellens habitans de Falmouth et des villes voisines, une dette
de reconnaissance dont aucun de nous
ne peut espérer de s'acquitter, s'embar-
qua le 13 pour Chatham où il jouit
maintenant, grâce à la bonté de S. A. R.
le général en chef de l'armée, du repos
dont il a besoin avant de se remettre
en route pour sa destination ultérieure.

On conçoit que notre situation à

bord du *Kent* ne nous permettait pas de songer consciencieusement à sauver des flammes un seul objet de propriété publique ou privée. Pour ma part, à l'exception de 40 ou 5o souverains que je nouai à la hâte dans un mouchoir et que je remis à ma femme pour son usage et celui de ses compagnes, au moment même où on la descendit dans le canot, la seule chose que je conservai fut une petite boussole de poche qu'un de mes amis m'avait donnée. Mais je dois observer que cet abandon total de leurs intérêts particuliers ne provenait chez les officiers ni de manque de présence d'esprit, ni même du défaut d'occasions de s'occuper de leurs propres affaires, mais uniquement du désir sincère d'éviter jusqu'à l'apparence de l'égoïsme, dans un moment où la vie de leurs matelots et de leurs soldats était en danger. Cette observation s'applique surtout aux officiers supérieurs de terre

et de mer, dont les chambres, placées
sur le pont, restèrent accessibles pendant
toute la journée, et qui auraient pu sauver aisément plusieurs objets de grand
prix, s'ils avaient voulu réserver pour
leurs propres intérêts la moindre portion
du temps précieux qu'ils consacraient
sans relâche à l'accomplissement des
devoirs de leur profession.

Je ne puis terminer cette narration
sans offrir à ceux de mes compagnons
d'infortune, entre les mains de qui elle
pourra tomber, quelques réflexions très
simples que je recommande à leur attention sérieuse, et que je prie Dieu de
graver profondément dans mon propre
cœur.

Aucun des soldats qui sont dans l'ha-
bitude de lire leur Bible ne peut ignorer
que la foi en Jésus-Christ le fils de Dieu,
nous est représentée dans l'Évangile
comme le grand pivot sur lequel repose
le salut de l'homme ; que le précieux

sang de Christ répandu sur la croix est la seule expiation possible de nos péchés, et que la foi à cette expiation peut seule donner la paix à nos consciences et nous permettre d'aller à Dieu avec confiance, comme à un père réconcilié avec ses enfans. Si donc Jéhovah nous dit d'une manière non équivoque que celui qui croit en Jésus-Christ sera sauvé, mais que celui qui ne croit point au Fils périra ; si cette vérité ressort des expressions formelles de l'Évangile comme de tout l'ensemble de ce message divin, n'est-il pas d'une haute importance pour quiconque professe quelque respect pour la révélation, de savoir s'il en comprend le dogme fondamental, s'il y croit réellement, et s'il est en état de rendre aux autres et à lui-même un compte fidèle de l'espérance qui est en lui.

L'influence de l'éducation ou de l'exemple, l'absence de réflexion sé-

rieuse, la fréquentation des cérémonies
du culte, le respect des convenances
sociales, et l'oubli de cette grande
vérité que la religion de l'Évangile est
une religion de sentimens et non point
d'observances, concourent à persuader
aux esprits superficiels qu'ils ont de la
vie, tandis que réellement ils sont
plongés dans les ténèbres de la mort.
Trop de gens se croient au nombre
des disciples du Rédempteur, qui n'ont
réellement pas la moindre part à la
bonne nouvelle de son salut. Mais si à
l'heure de la mort, quand tout secours
extérieur cessera de les soutenir, leur
âme vient à être frappée du sentiment
de sa véritable condition; s'ils aper-
çoivent d'une part toute la pureté et
toute l'étendue de la loi divine, et que
de l'autre le souvenir de leurs innombrables transgressions se réveille avec
force; si la confiance vague et illu-
soire qu'ils attachent à la miséricorde

de Dieu disparaît tout à coup devant la justice inflexible et la pureté sans tache du caractère divin ; si en s'avançant seuls et sans défense vers l'abîme mystérieux, ils entendent une voix qu'ils ne peuvent méconnaître leur répéter sans cesse : « Maudit est celui « qui n'a pas persévéré dans toutes les « œuvres de la loi » ; quel ne sera pas leur désespoir lorsqu'ils découvriront pour la première fois que le sable mouvant qu'ils ont pris pour le rocher des siècles se dérobe sous leurs pas, et que leur âme va être jetée dans les ténèbres du dehors « où il n'y a plus « ni œuvre, ni discours, ni science, ni « sagesse ».

Mais qu'on ne m'accuse point de prêcher de vaines doctrines purement spéculatives, et plus dangereuses pour la société qu'une ignorance absolue. Je prie les braves gens auxquels je m'adresse d'une manière plus spéciale, de ne pas oublier que les vérités que je leur retrace sont, avant tout, des vérités pratiques. Sans doute il est rarement donné à un simple soldat de pouvoir expliquer la nature de cette foi qui est un don de Dieu gravé dans nos cœurs par le Saint-Esprit, par cet esprit qui est accordé librement à quiconque le demande sans hésitation. Mais celui-là même qui serait en état de rendre compte des opérations de la grâce, doit bien se garder de se faire illusion, et de se persuader qu'il soit en possession de ce don céleste, à moins qu'il ne manifeste, par sa conduite et par ses paroles, les fruits abondans qui naissent de la foi, et qui ne peuvent naître que d'elle seule. Il sera zélé et persévérant dans l'accomplissement de ses devoirs, patient dans les fatigues et les privations, sobre au milieu des tentations, calme et ferme à l'heure du danger; il obéira respectueusement à ses officiers, honorera son roi, aimera sa patrie, se contentera de sa paie, et ne fera de tort à personne. Sa piété sera ardente, mais sage ; ses prières seront sincères et fréquentes, mais plutôt en secret que devant les hommes ; il ne sera point querelleur ni difficultueux, et cherchera à instruire les autres par son exemple plus que par ses préceptes. Il fera luire sa lumière devant eux, dans la simplicité de ses motifs, la droiture de ses actions, son empressement à obliger et tout l'ensemble de sa vie ; afin que voyant ses bonnes œuvres, ses camarades soient amenés par la bénédiction divine à reconnaître la puissance et la beauté de la religion, et à glorifier comme lui leur Père céleste. En un mot il puisera dans les leçons de l'Évangile la ferme résolution de s'efforcer à devenir non seulement un meilleur chrétien, mais un meilleur soldat.

S'il est une classe d'hommes qui

doive, plus que toute autre, être péné-
trée de vénération et de gratitude pour
la bonté de la Providence, ce sont sans
doute ceux « qui descendent sur la mer
« dans des navires, et qui font com-
« merce sur les grandes eaux », et si
quelqu'un doit se familiariser avec la
mort et ses conséquences solennelles,
c'est sans doute le soldat dont l'affaire
spéciale est de mourir.

Mes compagnons de naufrage ont
joui dernièrement dans toute la force
de la jeunesse, et loin du tumulte en-
ivrant des combats, du rare privilége
de contempler du bord de l'abîme,
cette éternité dont plusieurs de leurs
malheureux camarades ont franchi les
redoutables portes. Puissent-ils mettre
à profit le répit qui leur a été accordé ; puissent-ils se rappeler que
c'est aujourd'hui le temps favorable,
et le jour du salut. Tandis que nous
différons, le terrible message peut nous

être adressé de nouveau à l'heure où nous l'attendrons le moins. « Cette « nuit même, ton âme te sera rede- « mandée. »

———

APPENDIX.

Récit *authentique de ce qui s'est passé à bord de* la Caroline, *capitaine Bibbey, après que* la Cambria *se fut éloignée des débris du* Kent.

Le 1er de mars dernier, vers minuit, les hommes de quart à bord de *la Caroline*, trois-mâts faisant route d'Alexandrie pour Liverpool, aperçurent à l'horizon une lueur éclatante, provenant, en toute apparence, d'un bâtiment en feu. *La Caroline* tenait alors le plus près du vent sous ses basses voiles par une très grosse mer. Le capitaine Bibbey donna à l'instant l'ordre d'appareiller le grand perroquet, et de mettre le cap sur le point d'où partait cette lumière.

Vers deux heures, tandis que tous les yeux étaient fixés sur la clarté des cieux qui allait croissant, on vit jaillir dans les airs un jet subit de la plus vive lumière, causé évidemment par une explosion, dont toutefois le bruit ne put être entendu en raison de l'éloignement. En une demi-heure *la Caroline* eut fait assez de chemin pour que l'on pût distinguer les débris d'un grand navire debout au vent, dont il ne restait plus que la membrure ; mais une double ligne de sabords, dont les cadres étaient encore indiqués, donnait tout lieu de supposer que ce squelette embrasé était celui d'un vaisseau de ligne ou d'un bâtiment de première classe de la Compagnie des Indes. Le feu avait gagné jusqu'à la ligne de flottaison ; mais comme le bâtiment devenait plus léger à mesure que la charpente intérieure se consumait, il restait encore à flot, et continuait à suivre majestueusement le mouvement des vagues énormes de la baie de Biscaye. Au-dessus de ces débris enflammés, et bien loin sous le vent, toute l'atmosphère n'était qu'un tourbillon de fumée sur lequel se détachaient des myriades d'étincelles et de flammèches que le vent dispersait dans le ciel et sur la mer.

La Caroline, qui arrivait vent arrière, ne tarda pas à se trouver par le travers du bâtiment incendié, dont elle approcha d'aussi près que la prudence le permettait ; et bien-

tôt l'on aperçut à tribord, et presque sous
les débris mêmes de ce bâtiment, une portion de mât et quelques épares qui s'élevaient, retombaient, roulaient l'une sur l'autre, et semblaient comme broyées par la
violence des secousses. Ce fut alors que,
contre toute attente, car qui aurait pu supposer qu'une seule créature humaine eût
conservé la vie à côté du foyer d'un pareil
incendie, on entendit tout à coup un cri de
détresse, et que presque au même instant
on découvrit quelques malheureux naufragés qui se cramponnaient aux débris du mât.
Leur position, car ils étaient presque de ni-
veau avec la surface de la mer, et la marche
rapide de *la Caroline*, ne leur avait permis de
l'apercevoir que bien peu d'instans avant le
moment où ils la hélèrent. Quelle émotion
ne durent-ils donc pas éprouver lorsque,
privés de tout espoir raisonnable de salut,
ils virent soudainement apparaître le corps
et la voilure d'un grand navire tout illuminé
par l'éclat de l'incendie. Mais un silence de
mort succéda à leurs cris de joie, lorsqu'ils
virent le vaisseau inconnu dépasser comme

une flèche les débris du *Kent*, et les abandonner à la cruelle incertitude de savoir si
on pourrait les sauver, ou si on oserait même
en faire la tentative, tant la mer était grosse,
et tant il était probable qu'ils seraient engloutis avant qu'un bateau eût le temps de
venir à leur aide.

Le capitaine Bibbey vit le danger, et cal-
cula immédiatement son plan d'opération.
On cargua le grand perroquet, on amena le
foc de misaine, et le bâtiment continua sa
route vent arrière sous les huniers et la voile
de cappe, jusqu'à une distance où il fût à
l'abri des flammèches et des étincelles, et
qui lui permît en même temps de porter
secours aux malheureux naufragés. Là, le
bâtiment mit en panne. Cette marche sous
le vent était surtout calculée pour que, si
par hasard il restait près du *Kent* quelques
débris de canot ou de radeau, il pût se
laisser dériver sur *la Caroline;* car il était
évident que, par une si grosse mer, aucune
embarcation ne parviendrait à faire route
contre le vent, pour peu qu'elle fût sur-
chargée ou que l'équipage n'en fût pas très

expérimenté. Le petit canot fut descendu à la mer de l'arrière, et **M. Wallen**, second du bâtiment, avec quatre hommes sous ses ordres, n'hésita pas à pousser au large, et à se diriger sur *le Kent*.

Il est presque superflu de dire que, dans leur trajet, ces braves gens furent exposés à des dangers continuels ; car ils se trouvaient sous le vent du *Kent,* et la mer était couverte en tout sens d'une foule de débris divers, mâts, épares, caisses, meubles, ballots, etc., que les lames poussaient çà et là, et dont le choc menaçait d'anéantir leur frêle embarcation. Néanmoins ils parvinrent avec autant d'adresse que de courage à s'approcher jusqu'à quelques brasses de la poupe du *Kent*. Ce fut alors qu'ils aperçurent la première créature humaine. Un malheureux tout haletant se tenait suspendu à quelque débris de cordage immédiatement au-dessous de la voûte de l'arcasse, et si près du feu, que, lorsque la vague soulevait l'arrière du vaisseau, et que par conséquent il se trouvait suspendu en l'air, les jets de flamme qui s'échappaient des sabords de sainte-barbe lui infligeaient une horrible torture. On entendait distinctement les cris de son agonie, qui ne cessaient que lorsque, par l'effet du tangage, il était de nouveau replongé dans la mer. Quelque faible que fût la chance de sauver cet homme, exposé à toute la fureur de deux élémens, et quelque danger qu'il y eût à le secourir, M. Wallen n'hésita pas; et ses matelots, ne comptant pour rien les jets de flamme qui se succédaient à de courts intervalles, forcèrent de rames, et poussèrent le canot jusque sous la voûte de l'arcasse. « Ce pauvre homme, a dit M. Wallen, paraissait le plus malheureux de tous, c'était donc le premier que nous devions secourir. » Toutefois M. Wallen ne goûta point la joie de sauver un de ses semblables d'une situation si cruelle. Au moment de saisir le pauvre naufragé, qui du reste avait peut-être déjà perdu tout sentiment d'existence, car ses cris avaient cessé depuis quelque temps, la flamme acheva de consumer le cordage auquel il était suspendu, et il disparut pour jamais. M. Wallen et son équipage dirigèrent alors tous leurs efforts vers les hommes qui se tenaient attachés au mât, et à force de précautions ils parvinrent, au milieu de difficultés inouïes, à en recueillir six à bord de leur canot.

En prendre davantage eût été compromettre la sûreté de tous; car on conçoit aisément que, par un si gros temps et au milieu de tant de dangers, onze personnes à bord d'un petit canot de dix-huit pieds de long étaient même au-delà de ce que la stricte prudence permettait d'embarquer; et en effet, une lame qui faillit les engloutir au milieu du trajet, leur rappela combien il était dangereux de surcharger une si frêle embarcation.

Le premier voyage dura environ une demi-heure; et dès que les six passagers eurent été mis en lieu de sûreté, M. Wallen poussant de nouveau au large, se dirigea une seconde fois vers *le Kent*, dont *la Caroline* s'était déjà éloignée par l'effet de la dérive. Les hommes réfugiés sur le mât étant les seuls que l'on eût pu apercevoir, ils furent désormais l'objet exclusif de l'attention de leurs libérateurs, qui parvinrent, avec autant de succès que la première fois, à en recueillir encore six à leur bord.

Pendant ce second voyage M. Wallen avait remarqué, d'après l'état des œuvres mortes qui restaient encore au-dessus de l'eau, qu'en toute probabilité cette masse embrasée serait engloutie avant qu'il pût faire une troisième tentative; et dans ce cas il y avait tout lieu de craindre que les dernières victimes du naufrage ne fussent entraînées dans le goufre que le vaisseau formerait en sombrant. On redoubla donc d'efforts; et quoique la distance entre les deux bâtimens eût augmenté, comme on l'a vu plus haut, le second trajet ne prit pas plus de temps que le premier; et à peine les six nouveaux passagers eurent-ils été recueillis à bord de *la Caroline*, que, pour la troisième et dernière fois, le petit canot se remit au large. Mais tandis qu'il luttait contre les lames, se tenant debout au vent, la catastrophe prévue et redoutée arriva. On vit la masse de feu descendre lentement dans la mer, et disparaître par degrés. Un instant de plus, et l'atmosphère, jusqu'alors éclairée par l'éclat de l'incendie, fut enveloppée de profondes ténèbres, que le contraste rendait plus effrayantes encore. Le silence de la mort succéda au craquement de la charpente embrasée et au bruissement des flammes, et un nuage noir d'épaisse fumée resta suspendu comme un drap mortuaire au-dessus de la place où *le Kent* avait disparu.

Avec une présence d'esprit vraiment digne d'un marin, M. Wallen, au moment même où le dernier reflet de l'incendie rejaillit sur la surface de l'eau, prit une étoile pour point de mire, précaution sans laquelle tout effort ultérieur serait devenu inutile; car si, à la lueur de l'incendie qui ne le cédait point à l'éclat du jour en plein midi, on n'avait pu approcher du *Kent* qu'avec des difficultés inouïes, le danger se trouvait désormais centuplé par l'obscurité, puisqu'il devenait impossible de voir et d'éviter les débris flottans du naufrage, dont le moindre choc suffisait pour anéantir le canot.

Comme dernière et unique chance de sauver les hommes qui pouvaient se trouver encore à flot, M. Wallen résolut d'attendre le jour ; mais afin de leur faire savoir qu'ils n'étaient point abandonnés et d'entretenir leur courage, il eut soin, ainsi que ses matelots, de pousser de grands cris à de courts intervalles. Pendant quelque temps, point de réponse ; mais à la fin de faibles voix se firent entendre, et l'équipage du canot y répondit par de vives et joyeuses clameurs.

Pendant tout une heure de douloureuse anxiété, M. Wallen tint les yeux fixés sur l'étoile amie qui lui servait de guide, tandis que ses marins restaient appuyés sur leurs bancs ou donnaient quelques coups de rame pour maintenir le canot dans la même position. Enfin l'aurore commença à poindre ; le mât redevint visible précisément à la place dont M. Wallen avait pris le relèvement, et l'on aperçut quatre créatures humaines engagées dans les cordages et les débris de la hune ; mais elles étaient sans mouvement, et il était douteux que ce ne fussent pas des cadavres. Toutefois, en approchant, deux d'entre ces quatre pauvres naufragés commencèrent à lever la tête, ils ouvrirent les yeux, et tendirent les bras

vers leurs libérateurs, qui, forçant de
rames, parvinrent encore à les recueillir à
bord, mais dans un état complet d'épuisement, tant il y avait long-temps qu'ils
étaient exposés à la fureur des vagues et
menacés d'être engloutis à chaque instant.
Mais les deux autres ne donnaient aucun
signe de vie : l'un s'était cramponné à une
épare, qu'il tenait embrassée, et sur laquelle
sa tête reposait comme s'il eût été endormi ;
l'autre se trouvait pris entre les jumelles du
mât, à moitié debout, les bras étendus, et
le visage tourné vers le canot, mais sans
mouvement. L'un et l'autre étaient morts,
et, comme de raison, l'on ne chercha point
à enlever leurs cadavres. En retournant à
son vaisseau, M. Wallen aperçut une des
embarcations du *Kent* qui était en dérive ;
on s'en approcha pour s'assurer si elle renfermait encore quelque victime du naufrage : elle était vide. On essaya de la prendre à la remorque, mais il fallut bientôt y
renoncer ; car à mesure que le jour avançait,
le ciel prenait un aspect plus orageux. Le
vent, qui pendant la nuit avait perdu quel-

que peu de sa force, redevint plus violent, et souffla par raffales; la mer recommença à moutonner, et l'on ne put méconnaître tous les signes précurseurs d'une tempête, qui en effet éclata peu de temps après que le canot eut été repris à bord. Une demi-heure plus tard, et il y a tout lieu de croire que M. Wallen n'aurait pas pu regagner son vaisseau.

L'humanité et le courage du capitaine Bibbey et de M. Wallen sont au-dessus de tout éloge, et méritent d'être généralement connus.

———

Lettre *adressée au capitaine Cook, commandant le brick* la Cambria, *par les officiers du* 31ᵉ *régiment, les officiers du* Kent, *et les passagers à bord de ce bâtiment.*

« Falmouth, 8 mars 1825.

« Monsieur,

« C'est avec des sentimens qu'aucun langage ne peut rendre, que les soussignés essaieront de remplir un devoir cher à leur cœur, en vous offrant l'expression imparfaite sans doute, mais sincère, de leur vive et profonde gratitude. Nous vous avons, monsieur, de grandes, d'immenses obligations, comme à l'instrument bienveillant dont s'est servi le Père des miséricordes pour préserver d'une perte affreuse tant de vies précieuses à leurs familles, et qui, nous l'espérons, ne sont pas non plus sans intérêt pour leur pays.

« Dans le moment où la dispensation sévère, par laquelle il a plu à une Providence adorable, mais mystérieuse, de nous éprouver, eut pris un aspect si redoutable et si cruel que les esprits les plus portés à l'espérance n'entrevoyaient plus la moindre chance de salut ; dans le moment où les plus audacieux et les plus irréfléchis d'entre nous étaient contraints de lire comme en caractères de feu ces paroles solennelles : « Cette « nuit, ton âme te sera redemandée » ; ce fut alors, monsieur, que le Dieu qui, « dans la « colère, se souvient d'avoir compassion », fit choix de votre navire pour nous servir d'arche de refuge, et vous appela au devoir honorable de nous donner asile.

« Pénétrés d'un humble sentiment de la

bonté gratuite dont l'Éternel a usé à notre égard, et déplorant, comme nous le faisons, la perte subite et prématurée de tant de braves gens auxquels nous étions unis par des liens que des marins et des soldats peuvent seuls apprécier, il nous conviendrait mal d'attribuer à un mortel la louange et la gloire qui n'appartiennent qu'à notre Libérateur céleste. Mais en priant Dieu d'entretenir dans nos cœurs la reconnaissance qui est due à la source de tout bien, nous croyons qu'il nous est permis d'exprimer notre admiration pour votre conduite, puisqu'elle a été le canal par lequel la bonté divine s'est étendue jusqu'à nous. Et en effet, soit que nous réfléchissions à la promptitude avec laquelle vous vous êtes dirigé sur nous, en réponse à nos signaux de détresse, ou au talent et à l'héroïsme que vous avez déployés en effectuant notre délivrance, ou au noble désintéressement avec lequel vous avez oublié le péril auquel vous exposiez votre propre vaisseau pour ne vous occuper que de notre malheur; soit que nous nous retracions la bonté persévérante avec laquelle

vous avez veillé sur les débris de notre navire embrasé, jusqu'au moment où le dernier rayon d'espérance a semblé s'éteindre
dans les ténèbres qui ont succédé à l'explosion ; soit enfin que nous songions aux soins
hospitaliers dont votre humanité nous a
comblés pendant notre séjour à votre bord,
ou à l'habileté et à la décision de caractère
avec lesquelles vous nous avez conduits jusqu'au port, au milieu des circonstances les
plus critiques, il nous est impossible de
ne pas vous considérer comme éminemment
doué de toutes les qualités qui font le caractère et l'honneur d'un marin anglais.

« Convaincus néanmoins qu'aucune ré-
compense temporelle ne peut acquitter la
dette que nous avons contractée envers vous,
nous n'aurons point la vaine pensée d'en
chercher l'équivalent dans une rémunération pécuniaire ; mais nous espérons que
vous ne nous refuserez pas le bonheur de
vous offrir une pièce d'argenterie où est
retracé l'événement qui vous permettra désormais de vous endormir avec la douce
conscience d'avoir fait une action brillante,

et surtout d'avoir porté une joie sans mélange dans le cœur de tant de familles reconnaissantes.

« Nous ne saurions prendre congé de vous, monsieur, sans offrir nos remercîmens les plus sincères à M. Conolly, votre second, et en général à tout votre équipage, qui a secondé vos efforts avec tant d'ardeur et de persévérance. Nous espérons que M. Conolly voudra bien accepter le faible témoignage de reconnaissance que nous joignons à celui qui vous est destiné.

« Nous vous prions d'être notre interprète auprès de MM. Lucas et Parker, ainsi qu'auprès des autres passagers à bord de votre bâtiment. Le souvenir de la bienveillance infatigable avec laquelle ils ont pourvu à tous nos besoins ne s'effacera point de notre cœur. Mais nous serions coupables d'une impardonnable omission, si nous négligions de reconnaître tout ce que nous devons aux braves et généreux mineurs de Cornouailles, qui, sous votre direction, allaient exercer leur industrie dans un autre hémisphère. Non seulement leur conduite, lors de notre désastre, a été courageuse et honorable, mais pendant tout le cours de notre voyage jusqu'à Falmouth ils n'ont pas cessé de nous rendre gratuitement les plus importans services.

« Puissiez-vous, monsieur, puissent tous nos bienfaiteurs arriver heureusement, sous la protection de Dieu, à leur destination lointaine. Puissiez-vous jouir sans cesse et avec abondance de la consolation et de la joie dont tant d'autres vous sont redevables. Tel est le vœu sincère des soussignés. »

Suivent les signatures du lieutenant-colonel Fearon et des officiers du 31ᵉ régiment, du capitaine Cobb et de ses seconds, et des passagers qui étaient à bord du *Kent.*

Réponse du capitaine Cook.

« Falmouth, 12 mars 1825.

« MESSIEURS,

« J'ai reçu avec une sincère reconnaissance la lettre bien précieuse pour moi que vous m'avez adressée le 8 du courant. Permettez-moi de vous assurer que si rien pouvait augmenter la satisfaction que j'éprouve déjà, ce serait ce témoignage flatteur de

votre estime. Il est à mes yeux d'une valeur
infiniment supérieure à toute rémunération
pécuniaire quelconque, et les sentimens avec
lesquels il m'est offert sont également honorables pour vous comme hommes et comme
chrétiens. J'ose me flatter d'apprécier de tels
sentimens, et j'espère qu'ils resteront toujours chers à mon cœur.

« Selon vos vœux, j'ai fait part de votre
reconnaissance à MM. Lucas et Parker, ainsi
qu'aux autres passagers, à M. Conolly, mon
second, et à l'équipage de *la Cambria*. Je
crois certain qu'ils seront, ainsi que moi,
vivement touchés de la manière trop flat-
teuse dont vous voulez bien parler des faibles
services que le Souverain dispensateur des
événemens nous a permis, dans sa sagesse,
de rendre à plusieurs de nos semblables; et
je puis vous assurer que je ne cesserai pas
d'offrir d'humbles actions de grâce à l'Éternel, de ce qu'il a daigné nous choisir pour
être les instrumens de ses gratuités.

« Avant de prendre congé de vous, je vous
prie de recevoir mes vœux ardens pour votre
avenir. Soit que vous suiviez la brillante

carrière des armes, soit que vous vous livriez aux occupations plus humbles, mais non moins honorables de la vie privée, puisse le Dieu, dont le bras tout-puissant s'est si miraculeusement étendu pour votre délivrance, continuer à vous assister et à vous conduire. Puissiez-vous tous faire long-temps l'ornement de vos professions respectives, et goûter dans le sein de vos familles toutes les jouissances du bonheur domestique. C'est avec ces sentimens que j'ai l'honneur d'être, messieurs, votre très humble et très obéissant serviteur, « *Signé* W. COOK. »

Lettre de sir Herbert Taylor, au nom de S. A. R. le duc d'York, général en chef de l'armée, au capitaine Cook.

« Horse Guards, 9 mars 1825.

« MONSIEUR,

« Le Général en chef ayant reçu du Conseil des directeurs de l'honorable Compagnie des Indes et du lieutenant-colonel Fearon, du 31e, des rapports détaillés sur l'incendie du vaisseau de la Compagnie *le Kent*, j'ai ordre de S. A. R. de vous assurer de la haute estime que lui ont inspirée pour jamais le zèle et la promptitude avec lesquels vous êtes venu au secours de ce bâtiment, dans les circonstances les plus critiques et les plus périlleuses, ainsi que les efforts courageux, exemplaires et persévérans auxquels vous vous êtes livré de concert avec ceux qui agissaient sous vos ordres, efforts qui, sous la main de la Providence, ont conservé au roi et à l'Angleterre tant de vies précieuses.

« S. A. R. ayant appris des armateurs de *la Cambria* que vous êtes sur le point de remettre à la voile, a désiré ne point tarder à vous faire parvenir ses remercîmens sincères des services que, dans cette occasion douloureuse, vous avez rendus aux officiers et soldats du 31e régiment, ainsi qu'à leurs femmes et à leurs enfans.

« J'ai l'honneur d'être, monsieur, votre très humble et très obéissant serviteur,

« *Signé* HERBERT TAYLOR.

Réponse du capitaine Cook.

« MONSIEUR,

« J'ai eu l'honneur de recevoir votre lettre

du 9, qui me transmet l'opinion que S. A. R. a daigné concevoir des services que, par l'intervention de la divine Providence, il m'a été donné de rendre aux victimes de l'incendie du vaisseau de l'honorable Compagnie des Indes *le Kent*.

« Permettez-moi, monsieur, de vous assurer avec un profond respect, qu'après la satisfaction que mon cœur a éprouvée de ce que j'ai pu être utile à la cause de l'humanité, rien ne m'est plus précieux que l'approbation que S. A. R. m'a fait l'honneur d'exprimer en termes si flatteurs. Je prends la liberté de vous prier d'offrir à S. A. R. l'hommage de mes remercîmens les plus humbles, mais les plus sincères, pour cette marque distinguée de son indulgence et de sa bonté. Ce qui en double le prix à mes yeux, c'est que S. A. R. a fait mention de ceux qui ont agi sous mes ordres, et m'ont si habilement secondé.

« J'ai l'honneur d'être, avec un profond respect, monsieur, votre, etc.

« *Signé* W. COOK. »

Lettre au Comité des habitans de Falmouth.

« Falmouth, 16 mars 1825.

« Messieurs,

« En suivant les divers chaînons de la longue chaîne de miséricorde et de bonté dont une providence paternelle a daigné entourer les nombreux individus qui ont échappé récemment à l'incendie du *Kent*, nous ne saurions réfléchir, sans une reconnaissance éternelle, à la dispensation bienfaisante par laquelle, après avoir essuyé une calamité sans pareille, nous nous sommes vus confiés à la sympathie des habitans de Falmouth et des villes adjacentes, dont les cœurs se sont ouverts pour nous, et qui ont pourvu avec munificence à nos besoins urgens et innombrables.

« Nous avons été jetés sur votre rivage comme des étrangers dénués de tout, et vous nous avez recueillis. Nous avions faim, et vous nous avez donné à manger ; nous étions nus, et vous nous avez vêtus ; malades, et vous nous avez soulagés et consolés. Vous vous êtes réjouis avec ceux d'entre nous qui se réjouissaient, et vous avez pleuré avec ceux qui avaient des sujets de larmes. Vous avez visité les veuves et les orphelins dans leur affliction, et vous avez cherché, par des actes continuels de la charité la plus éclairée comme la plus délicate, à diminuer la mesure de nos souffrances.

« Dans de telles circonstances que pourrions-nous dire? où trouverions-nous des paroles pour exprimer notre émotion? Vous avez créé entre nous et notre pays bien-aimé un nouveau lien d'affection et de gratitude. Notre zèle à le servir s'en accroîtra désormais; et au milieu des vicissitudes de notre profession, nous montrerons Falmouth à nos compagnons d'armes comme un point lumineux dans notre chère patrie, où ceux qui n'ont plus d'amis sont assurés de trouver des amis, et où les affligés recevront des consolations abondantes.

« Au nom et de la part des officiers de l'aile droite du 31ᵉ régiment d'infanterie.

« *Le lieutenant-colonel commandant,*

« *Signé* R. B. FEARON. »

État des personnes qui étaient embarquées à bord du Kent.

31ᵉ Régiment.

    Officiers   20

    Soldats. 344

    Femmes.   43

    Enfans   66

Équipage.

    Officiers et soldats. 148

    Passagers.   20

              Total. 641

État des morts.

31ᵉ Régiment.

    Soldats.   54

    Femmes.   1

    Enfans.   20

Équipage.

    Matelots.   1

    Enfans de soldats de marine. .   5

              Total. 81

F I N.

www.ingramcontent.com/pod-product-compliance
Lightning Source LLC
LaVergne TN
LVHW020706200726
843508LV00002B/900